JN274385

プレゼンテーション演習 I

キャンパスライフとプレゼンテーション

〈監修〉福永　弘之
〈編集〉中村芙美子

大窪　久代　　野坂　純子
木村三千世　　信時　哲郎
黒田　廣美　　福井　愛美
田中　雅子　　水原　道子
西尾　宣明　　村田　恵子

樹村房
JUSONBO

は じ め に

　これからのオフィスワーカーに求められる最も基本的で重要な能力はプレゼンテーション能力である，ということが，最近のILOのレポートや厚生労働省の調査結果などにより，明白にされました。

　全国大学・短期大学実務教育協会においては，プレゼンテーション能力養成の重要性に鑑み，プレゼンテーション教育のカリキュラムを作成し，所定の単位を取得した学生に対して「プレゼンテーション実務士」の称号を授与しています。

　本書『プレゼンテーション演習Ⅰ』(「キャンパスライフとプレゼンテーション」―基本的なプレゼンテーションとしての口頭表現・身体表現を学ぶ―)・『プレゼンテーション演習Ⅱ』(「オフィスライフとプレゼンテーション」―口頭表現をより効果的に行なうための資料作成・ビジュアル化を学ぶ―)は，このようなプレゼンテーション能力の養成・向上のための教材として，先に上梓された『プレゼンテーション概論及び演習』(福永弘之著・樹村房)をふまえて執筆・編集されたものです。したがって，『プレゼンテーション概論及び演習』と同時並行的に学習しても，あるいは勉強が終了してから学習しても理解できるように構成しています。また，『プレゼンテーション演習Ⅰ』『プレゼンテーション演習Ⅱ』のどこから学習するかは，必要性と関心によって自由に選択できるよう，各執筆者の創意工夫によって柔軟な構成になっています。

　本書が，プレゼンテーション能力を身につけようと志す方々にとって有効なものとなり，プレゼンテーション教育にいささかでも貢献できれば，執筆者一同の喜びとするところであります。

　本書をまとめるにあたり，ご多忙のところ温かなご指導をいただいた監修の姫路工業大学環境人間学部 福永弘之教授，辛抱づよく執筆者に対応しご助言くださった樹村房社長 木村繁氏に対し，心からの感謝とお礼を申し上げます。

　平成13年11月吉日

　　　　　　　　　　　　　　執筆者を代表して　　中村芙美子（演習Ⅰ）
　　　　　　　　　　　　　　　　　　　　　　　　大窪　久代（演習Ⅱ）

[プレゼンテーション演習 I]　　　　　　　　　　　　も　く　じ

第1部　基　礎　編
プレゼンテーションの基礎を踏まえる

I章　プレゼンテーション入門——人と人をむすぶもの—— ……………………… 2

1．プレゼンテーションの大切さを理解しよう ………………………………………… 2
　　(1) コミュニケーションとプレゼンテーション ……………………………… 2
　　(2) プレゼンテーションの意義と役割 ………………………………………… 4
　　　　［演習 - 1］……………………………………………………………………… 4
2．プレゼンテーションとは何だろう …………………………………………………… 5
　　(1) プレゼンテーションは実務的なスキル …………………………………… 5
　　(2) プレゼンテーションとスピーチ …………………………………………… 5
　　　　［演習 - 2］……………………………………………………………………… 6
3．プレゼンテーションの定義と種類を学ぼう ………………………………………… 7
　　(1) プレゼンテーションの定義 ………………………………………………… 7
　　(2) プレゼンテーションの種類 ………………………………………………… 7
　　　　a．説得型　b．説明型　c．論証型 ………………………………………… 8
　　　　d．説得型と説明型の複合型 …………………………………………………… 8
　　　　e．論証型と説得型の複合型 …………………………………………………… 9
4．プレゼンテーションの準備の進め方 ………………………………………………10
　　(1) 準備のための注意点 …………………………………………………………10
　　　　a．聞き手の分析 …………………………………………………………………10
　　　　b．目的の明確化 …………………………………………………………………10
　　　　c．場所や会場 ……………………………………………………………………10
　　(2) プレゼンテーションを行なうときの三要素である　3 P ………………12
　　　　a．Plan ＝ 内容，構成 …………………………………………………………12
　　　　b．Presentation skill ＝ 話し方 ……………………………………………13
　　　　c．Personality ＝ 話し手の人柄 ……………………………………………13
　　(3) プレゼンテーションの予行と評価 …………………………………………14

II章　プレゼンテーションへの準備——良いプレゼンを行なうために—— ………………17

1．プレゼンテーションのツール ………………………………………………………17

　　　　　(1) ツールの種類と特徴 …………………………………………………17
　　　　　(2) ツールの使い方 ………………………………………………………19
　　　　　　　［演習-3］次のプレゼンに最適のツールはなにか ………………21
　　　　　(3) OHPシートの作成と使い方 …………………………………………22
　　　　　　　a．シートの作成 ……………………………………………………22
　　　　　　　b．シートの準備とその使い方 ……………………………………22
　　　　　　　［演習-4］最適なOHPシートは？ …………………………………23
　　　　　(4) 主なグラフの種類と特徴 ……………………………………………24

III章　プレゼンテーションを成功させる話し方の基本 ──口頭表現と身体表現── ……25

　　1．人前で話すことに慣れよう …………………………………………………25
　　　　　(1) 楽しく，はっきり読んでみよう ……………………………………25
　　　　　　　［演習-5］「早口ことば」をなめらかに ……………………………26
　　　　　　　［演習-6］日常の出来事から1分間ほど話してみよう …………27
　　　　　(2) 聞き手をひきつける話し方「五つの基本技術」 …………………28
　　　　　　　［演習-7］「五つの基本技術」を活かして，次の「お知らせ」を
　　　　　　　　　　　　話してみよう …………………………………………29
　　2．ボディーランゲージ ─非言語表現を活用しよう ………………………30
　　　　　(1) 第一印象が大切 ………………………………………………………30
　　　　　(2) ボディランゲージ（身体言語）を効果的に用いる ………………31
　　　　　　　［演習-8］次のコメントを交えながら話してみよう ……………31
　　　　　(3) 視線─アイコンタクトに気を配る …………………………………32
　　3．プレゼンテーションを成功させる話し方を体得する ……………………33
　　　　　(1) プレゼンテーションを成功させる八つの原則 ……………………33
　　　　　(2) 質問について …………………………………………………………34

第2部　実践編（ケース・スタディ）
プレゼンテーションをしてみよう

I章　自己紹介 ……………………………………………………………………………36

　　1．自己紹介のポイントを学ぼう ………………………………………………36
　　　　　a．自分自身を見つめてみよう …………………………………………36
　　　　　　　［演習I-1］自分を見つめて，次のことを書き出してみよう ……37

   b．自分史づくりをしてみよう……………………………………38
   ［演習Ⅰ-2］自分史の中のエピソードを書き出してみよう ………38
   c．自己分析をしてみよう……………………………………………39
   ［演習Ⅰ-3］友人はあなたをどう見ているか，記入してもらおう …39
   d．自己PRを考えてみよう…………………………………………39
   ［演習Ⅰ-4］20字程度で自分を語ろう ……………………………39
   e．自分についてまとめてみよう……………………………………40
   ［演習Ⅰ-5］自己紹介書を作成してみよう ………………………40
 2．自己紹介をしてみよう………………………………………………41
  （1）名前を印象づける……………………………………………41
   ［演習Ⅰ-6］名前を覚えてもらうための自己紹介をしてみよう …42
  （2）人柄を印象づける……………………………………………43
   ［演習Ⅰ-7］人柄を知ってもらうための自己紹介をしてみよう …44
  （3）エピソードで印象づける……………………………………47
  （4）その場の雰囲気で印象づける………………………………47
   ［演習Ⅰ-8］エピソードを紹介しよう ……………………………48

Ⅱ章　フリートーク ──自由なテーマで話す── ……………………49

 1．フリートークで話してみよう………………………………………49
  （1）企業見学の報告………………………………………………49
   ［演習Ⅱ-1］見学や研修に参加したことを話してみよう …………50
  （2）時事問題について……………………………………………51
   ［演習Ⅱ-2］新聞から，関心のある記事について話してみよう …51
  （3）好きな店の紹介………………………………………………52
   ［演習Ⅱ-3］自分の好きな店について話してみよう ……………52
  （4）視覚資料を用意して話す……………………………………53
   ［演習Ⅱ-4］視覚資料を用意して，話してみよう ………………53

Ⅲ章　パブリック・スピーキング ──フォーマルな立場でのトーク── ……54

 1．インタビュー…………………………………………………………55
  （1）インタビュアーの心得………………………………………55
  （2）インタビュー中の態度………………………………………57
  （3）インタビューは一期一会の心で……………………………58
   ［演習Ⅲ-1］インタビューの再度のシミュレーション ……………58
   ［演習Ⅲ-2］インタビューをしてみよう …………………………59

2．司　会 …………………………………………………………………60
　　(1) 集会の種類と司会者の役割 ……………………………………60
　　(2) 式典の司会 ………………………………………………………61
　　(3) 会議の司会 ………………………………………………………63
　　　　　　［演習Ⅲ-3］会議進行の司会者として考えてみよう …………64
　　(4) イベントなどでの司会 …………………………………………64
　　　　　　［演習Ⅲ-4］イベントにおける司会者の役割とはなにか，考えてみよう…65
　　　　　　［演習Ⅲ-5］学園祭のオープニングの司会をしてみよう ………66
3．テーブルスピーチ ……………………………………………………67
　　　　　　［演習Ⅲ-6］テーブルスピーチについて考えてみよう …………69

Ⅳ章　ゼミ発表 ——ゼミ発表を成功させる効果的なプレゼンテーション—— …………70

1．ゼミ発表を成功させよう ……………………………………………70
　　(1) ゼミ発表について ………………………………………………70
　　(2) ゼミ発表・プレゼンテーションの前提として ………………71
　　(3) ゼミ発表のプレゼンテーション・プラン ……………………72
　　　　　a．ゼミ発表での質問 …………………………………………74
　　　　　b．資料の作成 …………………………………………………75
2．ゼミ発表例と，そのプレゼンテーションの検討 …………………76
　　　　その1．基礎ゼミの発表例 ………………………………………76
　　　　　　［演習Ⅳ-1］ジェスチャーやアイコンタクトの練習をしてみよう ……78
　　　　　　［演習Ⅳ-2］改善例を使って発表の練習をしてみよう ……………78
　　　　その2．卒研ゼミの発表例 ………………………………………81
　　　　　　［演習Ⅳ-3］3分間の原稿を書いてみよう …………………………81
　　　　　　［演習Ⅳ-4］演習例を参考にゼミ演習をしてみよう ………………87
3．ゼミ発表プレゼンテーションの評価をしてみよう ………………88
　　(1) プレゼンテーションのふり返り ………………………………88
　　　　　　［演習Ⅳ-5］演習したものを評価してみよう ………………………89

Ⅴ章　学生生活をテーマに話す ……………………………………90

1．学校を紹介する ………………………………………………………90
　　　　　　［演習Ⅴ-1］学校紹介の情報を集めてみよう …………………………91
　　　　　　［演習Ⅴ-2］学校紹介のデータを文章化してみよう ……………………92
　　　　　　［演習Ⅴ-3］30秒間で高校生に学校紹介をする原稿を作ってみよう …93
　　　　　　［演習Ⅴ-4］就職面接を想定し，1分間の学校紹介をしてみよう ……94

　　　　　　［演習Ⅴ-5］大学祭に来た高校生に，3分間，学校紹介をしてみよう…96
2．クラブ紹介 …………………………………………………………………100
　（1）新入生歓誘のクラブ紹介 ………………………………………………100
　　　　A．大ホールで新入生にクラブ紹介をする ……………………101
　　　　B．歩いている新入生を呼び止めてクラブ紹介をする ………101
　（2）クラブ活動の一環としてのイベント …………………………………102
　　　　［例］学園祭に，クラブで屋台を出して「たません」を売る ……102
　（3）就職活動でのクラブ紹介 ………………………………………………103
　　　　a．誰に対して行なうのか …………………………………………103
　　　　b．説明によって期待する効果 ……………………………………103
　　　　c．構成［説明の内容］ ……………………………………………103
　　　　［演習Ⅴ-6］次の原稿を訂正してみよう …………………………107
　　　　［演習Ⅴ-7］もう一度，仕上げのプレゼンテーションをしてみよう …108
3．アルバイトについて語ってみよう ………………………………………109
　（1）プレゼンテーション演習の教室で ……………………………………109
　　　　a．メモをとる ………………………………………………………109
　　　　b．構成を考える ……………………………………………………110
　　　　c．小さな正直？ ……………………………………………………111
　　　　d．実際に，アルバイトについて語ってみよう ………………112
　（2）会社訪問時の面接で ……………………………………………………114
　　　　a．面接のプレゼンテーション ……………………………………114
　　　　b．原稿をつくる ……………………………………………………114
　　　　c．実際にやってみよう ……………………………………………115

参考文献 …………………………………………………………………………118

第1部 基　礎　編

プレゼンテーションの基本をしっかり踏まえる

I章 プレゼンテーション入門
人と人とをむすぶもの

プレゼンテーションを行なうには，さまざまな訓練が必要である。本章は，そうした実践的な演習に入るためのオリエンテーションに相当する。目的や役割，定義や種類など，プレゼンテーションの基本を理解し，演習の指針をしっかりと学びたい。

1. プレゼンテーションの大切さを理解しよう

（1）コミュニケーションとプレゼンテーション

少し前まで，人々が手作業で行なってきたいろいろなことが，機器を用いることによって，いともたやすく処理できるようになった。コンピュータなどの情報機器が一般化し，「いつでも，どこでも，だれもが」さまざまな情報を得ることができるようになった。高度情報化社会が到来したのである。

しかし，よく考えてみよう。どれほど情報化社会が進展したとしても，その情報を発信したり受信したりするのは，人間である。高度に発達する機器を用いるのは，人間なのである。機械技術の発展は，われわれに大きな恩恵を与えてくれる。しかし，人間の心の面についてはどうだろうか。逆に，今ほど人間相互のコミュニケーションのあり方が重要視される時代もなかったのではなかろうか。

コミュニケーションで最も大切なことは，「自分の伝えたいことが聞き手に正しく伝達されているかどうか」という点にある。[1]

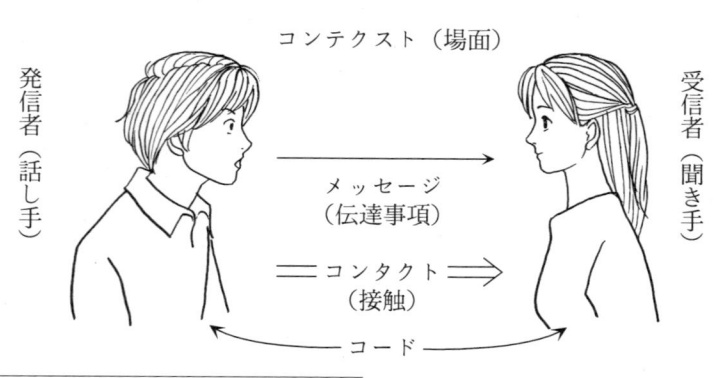

---

1) ローマン・ヤーコブソン著，川本茂雄ほか訳『一般言語学講義』みすず書房　1973。

発信者（話し手）は，伝達事項であるメッセージを受信者（聞き手）に送る。このメッセージは，コンテクスト（日本語では，文脈と訳される）つまり，そのメッセージがおかれている場所・場面に規定される。同じメッセージでも，一対一で恋人に「私は，あなたを愛している」というのと，多くの国民の前で大統領が「私は，あなたを愛している」というのとでは，コンテクストが異なっており，意味や目的の全く違うメッセージとなるのである。

　コードとは，話し手・聞き手がそれぞれにもっている解釈の枠組みである。同じことばに対して，双方が異なるイメージをもっていれば話はうまく伝わらない。

　たとえば，おじいさんが孫に「この前の戦争では…」と太平洋戦争のことを語ろうとしたとき，孫は「アフガニスタンでの戦争」のことを頭の中に思い浮かべているとする。この場合，両者の「戦争」ということばへのコードが異なっているので，コミュニケーションが成立しない。コミュニケーションは，話し手と聞き手とが共有できるコードの確立を必要とするのである。

　さらにメッセージは，相手とのコンタクト（接触）があって初めてコミュニケーションとして成立する。伝える相手のいない場所で話していても，相手にはなにも伝達されないし，相手が全く耳をかたむけてくれなければ，話は通じない。発信者（話し手）は，物理的にも心理的にも受信者（聞き手）と接触をはからなければならないのである。

　コンテクスト，コード，コンタクトといった用語は，コミュニケーションを学ぶうえで，今日では常識的な用語である。

　そして，これらの用語が意味することは，「コミュニケーションとは，いつ，いかなる場合でも，話し手と聞き手の関係性によってのみ成立するものである」ということである。

　プレゼンテーションも，広い意味ではコミュニケーションの一つである。そして，コミュニケーションの方法としての，「話すことによる」一つの伝達の形態である。

**コードが違うと
話しが通じない**

（2）プレゼンテーションの意義と役割

　プレゼンテーションとは，聞き手に対して判断材料を提供するという行為である。たとえば，商品の説明会などを思い浮かべてほしい。そこには，ことばづかいや声の調子はもちろんのこと，商品を提示する方法，また，話し手の表情・視線・姿勢・ジェスチャーなど，いろいろな要素が認められよう。このように，プレゼンテーションには，多くの要素が渾然一体となった，高度なコミュニケーション能力が求められる。

　そして，伝達したい内容を正確に相手に伝えると同時に，相手を十分に納得させ，その心に，ある種の感動を与えなければならない。商品の説明会では「商品を買いたい」という気持ちを聞き手に起こさせなければならない。その時，説明をしている人が信頼できそうな人でなければ，そうした気持ちは聞いている人の心に起こらないだろう。つまり，プレゼンテーションとは，話し手の人間性が問われる行為なのである。

　昨今，ビジネス実務の分野を中心に，このプレゼンテーションの能力がたいへん重要視されるようになった。それは，人が人に伝える情報こそが，事柄や商品などに対する興味や関心を呼び起こし，人に対する信頼から，人は行動を起こすからである。

　プレゼンテーションは，① 人が主役の行為である。そして，② その能力がこれからの社会生活でますます必要とされるものである。この二つのことを理解して，しっかりプレゼンテーション能力を身につけよう。

> **演習-1** 　人があなたに何かを伝えようとしたとき，あなたがそのメッセージを熱心に聞こうとするのはどのような場合だろうか？　具体例をあげてみよう。

プレゼンテーションは人が主役

2．プレゼンテーションとは何だろう

（1）プレゼンテーションは実務的なスキル

　わが国では，まだまだ人前で話すことへの抵抗感をもっている人が少なくない。しかし，より一層，国際化されていくこの時代は，話すことによって自己の考えを伝達する訓練がますます必要とされる。欧米の文化では，自己主張できないことは罪悪ですらある。日本企業の多くが海外とつながりをもち，働く人々はさまざまな国や地域の人々と交流している。プレゼンテーションの社会的意義の高まりも，こうした社会の変化と無関係ではない。

　ところで，プレゼンテーションとは，社会生活に役立つ実務的なスキル（技量，技能，訓練によって得られる特殊な技能や技術）である。だから，プレゼンテーションを学ぶには，自分自身で「まず行なってみる」ことが大切である。実際に話すことによって，プレゼンターが，聞き手とのコミュニケーションをもてたという実感がなによりも大切なのである。

（2）プレゼンテーションとスピーチ

　プレゼンテーションは実務的なスキルであり，実際に「行なうこと」が重要である。
　しかし，それを学ぶには，基本的な知識が大切である。それについて整理しておこう。
　プレゼンテーションはスピーチの一つと考えられ，その特質はプレゼンターが，ある目的をもつメッセージを聞き手に伝達し，そのメッセージに対し肯定的な受けとり方を聞き手に対して促すものである。

　その結果，聞き手に話し手が意図する意志決定の行動を起こさせることができれば，そ

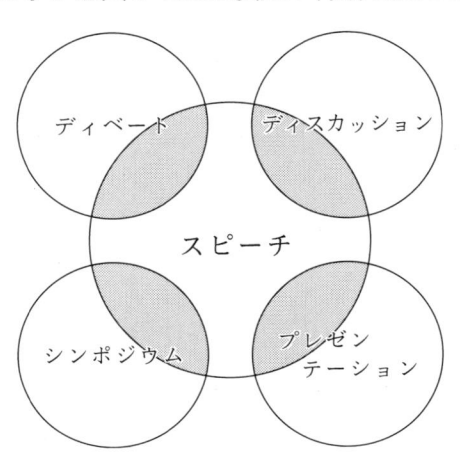

のプレゼンテーションは成功したといえるだろう。

　プレゼンテーションの実例としては，たとえば，商品の発表会や説明会，商談，会社説明会や学校説明会，研修会での主旨説明，学会での研究発表などをあげることができる。

プレゼンテーションとスピーチ，ディベート

	目　的	構　成	例
スピーチ (speech)	広く知らせる	スピーカーと聴衆	演説会
ディベート (debate)	勝敗を判断させる	ディベーターと聴衆と審査員	アメリカ大統領選
プレゼンテーション (presentation)	〜を促す 判断材料の提供	プレゼンターと聴衆	商品説明

（日本ビジネス実務学会『プレゼンテーション教育指導法セミナー　資料』2000）

演習-2　あなたが聞き手として参加したことがある，プレゼンテーションの実例（学校説明会など）をあげて，良かった点，悪かった点を具体的にあげてみよう。

プレゼンテーション

ディベート

スピーチ

3. プレゼンテーションの定義と種類を学ぼう

(1) プレゼンテーションの定義

プレゼンテーションの定義については,「ビジネス上の必要から,自己のもつ企画,内容,製品,技術等に関し,ある期待効果を発生させるために,限られた時間,一定の場所で正しく,効率的に伝える発想,構成の技術」[1]のように,ビジネス関連に限定して,比較的狭い範囲で,プレゼンテーションを理解しようとするものがある。

また,「表現・伝達・説得等を目的として,プレゼンターが聴衆の前で行う"あらゆる"行為」[2]や,「自己の考えや集団のコンセプトを明確にもった上で,その意図を第三者に的確に伝え,反応を得るための説得的かつ戦略的コミュニケーション」[3]のように,その概念を広い意味でとらえようとする考えもある。

こうした諸見解を整理し,福永弘之は次のような定義を示している。

「話し手が,あらゆる場所で,ある目的をもって,一定の限られた時間の中で,視聴覚機材などの助けを借りて,情報を伝達し,さらに説得したり,論証を行って,聴き手の判断や意思決定を助け,進んで行動を起こすことを促すコミュニケーションである」[4]

この定義は,とくに従来見落とされがちだった,論証的なプレゼンテーションのあり方を含めたものである。

(2) プレゼンテーションの種類

プレゼンテーションということばは,元来,広告会社などが広告主に対して行なうビジネス目的の意味で用いられることが多かった用語である。そのため,商品,サービス,アイディアなどについて説明し,顧客に行動を促すといった「売り込み」的なビジネス・プレゼンテーションのみにプレゼンテーションのイメージが偏りがちであることも,事実である。

しかし,現在では,研究目的のものについて,テクニカル・プレゼンテーション,アカデミック・プレゼンテーションなどの用語が用いられる場合もあり,プレゼンテーション

---

1) 本多聰行『人前での発表,説明に自信がつくプレゼンテーション能力』二期出版 1990。
2) 松本幸夫『プレゼンテーションの技術』経林書房 1993。
3) 古閑博美他『日本語表現とプレゼンテーション』学文社 1994。
4) 姫路工業大学環境人間学部『研究報告』第3号 2001。

プレゼンテーションの内容も，ビジネスに関係したものだけではなく，自分の意見や学説についてのものなど，さまざまな事例が考えられる。基本的に次の3種類に分けられる。

a. 説得型

「説得型」とは，最終的には聞き手に行動を起こさせることを目的とするもので，聞き手を納得させて行動をさせる提案型のプレゼンテーションである。会社が取引先に対し，新商品や提案を売り込む場合などが想定できる。

b. 説明型

「説明型」とは，聞き手に内容を理解させることを目的とする情報伝達型のプレゼンテーションである。新入社員や新入生に対するオリエンテーション，研究会などでの報告，営業担当者や代理店に新しい商品の特徴を説明する場合などが考えられる。

c. 論証型

「論証型」とは，自分がもつ，意見，学説などの正当性を聞き手に証明することを目的とするプレゼンテーションである。学会などでの研究発表がこれにあたる。専門分野によって，実証的資料の提示が強調される場合や，研究方法の妥当性が問われる場合などさまざまであろう。

基本的には，これら3種類に分類できるが，それらが，複合・連動して複数の目的をもつプレゼンテーションの形態も認められよう。

d. 説得型と説明型の複合・連動型

初めに情報伝達を主眼に「説明型」のプレゼンテーションを行ない，聞き手に内容を十分に理解させ，その後に行動を促す「説得型」のプレゼンテーションを行なう形態のものである。企業において，同僚や部下に対する重要なプロジェクトの内容・計画などに関す

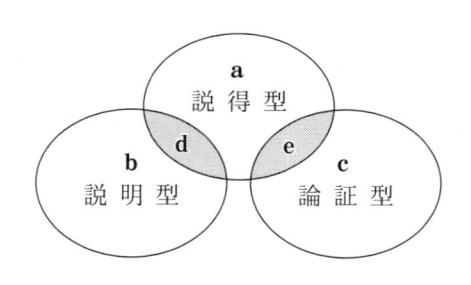

プレゼンテーションの種類

るプレゼンテーションなどがこれにあたるだろう。

e. 論証型と説得型の複合・連動型

　初めに「論証型」のプレゼンテーションを行ない，自分の学問的見解を周知させたうえで，具体的行動を促す「説得型」へと移行するプレゼンテーションである。地球温暖化防止などのエコロジー関連の学会発表や，核兵器の脅威を検証したうえで核廃絶運動を訴える平和学の学会発表などが例としてあげられる。

コラム

　下記の文章は，ローマン・ヤーコブソンが，1960年に発表した「言語学と詩学」(川本茂雄ほか訳『一般言語学講義』みすず書房 1973) という有名な論文の抜粋である。
　現代のコミュニケーション論の基本とされているもので，言語学や文学，芸術学や社会学などに強い影響を与え，さまざまな論文にも引用されている。
　少し難しいけれど，一度，読解にチャレンジしてみよう。

　「発信者 addresser は受信者 addressee にメッセージ message を送る。メッセージが有効であるためには，第一に，そのメッセージによって関説されるコンテクスト context ("関説物 referent" といういささか曖昧な術語で呼ばれることもある) が必要である。これは受信者がとらえることのできるものでなければならず，ことばの形をとっているか，あるいは言語化され得るものである。次にメッセージはコード code を要求する。これは，発信者と受信者 (言い換えればメッセージの符号化者と複合化者) に全面的に，あるいは少なくとも部分的に，共通するものでなければならない。最後にメッセージは接触 contact を要求する。これは発信者と受信者との間の物理的回路・心理的連結で，両者をして伝達を開始し，持続することを可能にするものである。」

4．プレゼンテーションの準備の進め方

　プレゼンテーションを実施する会場や，そこで使用可能な機器がわかったら，それをふまえて実際の準備に入る。プレゼンテーションの成否は，この準備段階でほぼ決定する。
　「プレゼンテーションは構成が命」 ということばがあるように，最も大切なことは全体をふまえた Plan の作成である。それについては，とくに留意して学びたい。

プレゼンテーションは
Plan（構成）が命

（1）準備のための注意点

a．聞き手の分析

　プレゼンテーションの準備は聞き手の人数や性質によって異なる。同じ趣旨の内容を話す場合でも，聞き手を想定して，話すポイントを検討し，準備する必要がある。
　たとえば，聞き手が少人数の仲間内の会合であれば，双方が同様な興味・関心をもっている場合が多く，互いに了解ずみの事柄は省略できる。しかし，多人数で，聞き手の考え方や知識などが多様な場合は，聞き手に興味・関心を起こさせる内容を中心とし，伝える事柄も的を絞るというようなことである。
　また，話し手のプロフィールをどの程度，事前に紹介しておくのがよいかも聞き手の性質によって決定する。

b．目的の明確化

　プレゼンテーションはその目的にそったものでなければならない。伝達型のものであっても，聞き手に「そんなこともあるのか」と驚きを与えようとするものなのか，あるいは「詳しく理解できた」と知識欲を満足させるものなのか，によって，話し方や話す内容も変わってくる。

聞き手の分析チェックリスト

項　目	事　項
テ　ー　マ	
実　施　日	平成　　　年　　　月　　　日
人　数	計　　　名，（男　　　名，女　　　名）
聞き手の年齢構成	（10代　　　名），（20代　　　名），（30代　　　名）， （40代　　　名），（50代　　　名），（60代以上　　　名），
テーマに関する聞き手の専門知識のレベル	（高い　　普通　　悪い　　不明）
話し相手に対する印象	（良い　　普通　　悪い　　不明）
聞き手の関心ある事柄	●理論　　●事例　　●技術に関する事　　●統計類　　●費用 ●実演　　●その他（　　　　　　　　　）
テーマが聞き手にとって利益・不利益な点	●利益（　　　　　　　）　●不利益（　　　　　　　）
質問があるかどうか	●ありそう　　●ない　　●不明
禁句（タブー）	

（福永弘之『プレゼンテーション概論及び演習』樹村房　2000）

説得型のものであっても，「それを買おう」と聞き手に購買意欲を起こさせるものなのか，あるいは「もっと頑張るぞ」とやる気を引き出させるものなのか，プレゼンテーションの最終的な目的を，具体的に明確にしておくことも大切である。

c. 場所や会場

場所や会場については，聞き手の分析とも関係する。不特定多数の人が集まる場所なのか，あるいは特定のタイプの人が聞き手として参加するところなのか，会場や部屋の広さはどの程度なのかによって，話し方も工夫しなければならない。

なお，この会場設営などの準備段階で，設備や使用可能な機器なども決定するだろう。

（2）プレゼンテーションを行なうときの三要素である 3P

a. Plan ＝ 内容，構成

主張すべき結論・意見は明白か。事実と意見，感想などの内容が区別され，話す事柄の順序は整理されているか。時間的制約に対応しているか。これらは，プレゼンテーションを行なう上で最も重要な要素である。

[Plan 作成の手順]

1. 伝えるべき情報のために資料を収集する
   パンフレットや図書などの文書資料だけではなく，視覚資料なども整理する。

2. 時間配分を考え，資料を取捨選択する
   プレゼンテーションの時間には，3分間程度の短いものから1時間以上にもわたる講演的なものまである。その目的にそって時間的な制約に対応できるよう，話す項目や具体例などを選択する。

3. 原稿を作成する
   話す内容の選択が終わったら，プレゼンテーションのための原稿を作成する。基本的な原稿の構成法には，次のようなものがある。
   　　三段構成……序論（導入），本論（展開），結論（結び）の三つのの構成で話す方法。序論では目的や意図を，本論では論証や証明を，結論ではまとめや考察を述べる。
   　　四段構成……漢詩の絶句などに見られる方法で，「起，承，転，結」が基本である。三段構成の，序論が「起」に，本論が「承」に，結論が「結」にそれぞれ相当する。「転」は，話題転換に当たる箇所で，三段構成より複雑な構

成となる。(p. 110参照)

　また，演繹法と帰納法も一般的である。
　　演繹法……最初に結論を述べ，そのあと個々の特殊な内容を論証する方法。
　　帰納法……個別的な事柄から，一般的な命題や結論を導き出す方法。

　構成の方法は，文章を書く場合とほぼ同じであると考えてよい。ただし，プレゼンテーションでは，「どのような構成で話せば，その意図が聞き手に十分に伝達できるか」が大切である。そのため，必ずしも法則にとらわれる必要はない。
　最初に結論を述べることもしばしば行なわれるし，最後に結論を繰り返すことも効果的である。
　一般にスピーチでは，構成はできるだけシンプルなものがよい。とくに3分程度までの短いものは三段構成を基本としよう。
　また，最初と最後の挨拶も重要である。「〇〇と申します」「◇◇がお話しいたします」や，「以上で終わります」「ご静聴ありがとうございました」などの挨拶も忘れてはならない。

　4．原稿の推敲と発表の予行
　　時間を計りながら声を出して原稿を読み，内容・分量などを調整する。強調すべき点には，原稿の該当箇所に赤でラインなどをひいておく。また，機器などを用いて示す資料なども確認しておく。
　　実際の会場で予行できない場合でも，本番を想定（イメージ）して練習しておきたい。

b．presentation skill ＝ 話し方
　声の大きさは，その場に適したものか。ペース，スピード，ポーズ（間）が考慮されているか。用語は平明で簡潔か，などに留意することが大切である。もちろん，資料や原稿の棒読みは論外である。十分に心がけたい。
　Intelligible（わかりやすく），Interesting（興味がもてて），Interractive（相互的な）の3 I（細井京子・ホームページ「プレゼンテーションの基礎知識」）に気をつけよう。

c．Personality ＝ 話し手の人柄
　発表態度は，礼儀をわきまえたものとし，しぐさは，聞き手を不快にさせないように注意する。話し手は，誠実さ・余裕・情熱など人間性を，聞き手に感じさせる必要がある。また，自己の意見などを述べるときは，自己自身に一貫した哲学が必要である。聞き手を納得させたり魅了するのも，最後は話し手の人間性にかかわってくる。

（3）プレゼンテーションの予行と評価

原稿ができたら，リハーサル（予行練習）をしてみる。プレゼンテーションをイメージしてのシミュレーションを行なうわけであるが，その際，どこがよくないか，改善すべき点などはどこか，それらのチェックリストがある。

プレゼンテーションのリハーサルのチェックリスト

項　　目	事　　項
① プレゼンテーションの原則の確認	(1) わかりやすいか (2) 簡潔か (3) 印象深いか
② 話し方はどうか	(1) メリハリがあるか (2) 山場で実感をもって盛りあげているか
③ スケジュールはどうか	(1) 時間に過不足はないか，不足する場合 END の原則*にのっとって調整する。 (2) 不足している内容はないか，ぜひとも必要な場合は END の原則に従って他を削ってでも入れる (3) プレゼンテーションプランはわかりやすいように大きな字で書いているか
④ ビジュアル・ツール（機器）の使い方はどうか	(1) OHP シートの順番は整理しているか，番号は大きくわかるように書いているか (2) 不足のシートやツールはないか
⑤ 服装，態度，感情，マナーはどうか	(1) 服装はいいか (2) 体をゆすったりしていないか (3) 猫背などになっていないか (4) 顔の表情はよいか (5) アイコンタクトはよいか

（福永：前掲書）

---

* **END の原則**
  E Essential 何が起きても省略してはならない
  N Necessary 必要だが，時間が不足になったら省く
  D Desire もし，可能なら使う

プレゼンテーションが終了したら，改めて，振り返ってみる。良かった点，反省すべき点などをチェックし，次のプレゼンテーションに備える。そのためのチェックポイントは次のようである。

プレゼンテーションの評価のチェックポイント

企画に際してのチェックポイント
 (1) 目標や目的はどうであったか。
    ① 目標・目的が具体的なものになったか。
    ② 競争相手（ライバル社）の動きに関しては，情報を十分につかんでいたか。
    ③ 時間の配分はうまくいって，時間内に終わることができたか。
 (2) 聞き手の分析
    ① 聞き手は男性か女性か，両方混じっていたか，年齢層はどうであったか。
    ② 聞き手のレベルにあった話し方になっていたか。
    ③ 聞き手の関心事は何であったか。

立案に際してのチェックポイント
    ① 聞き手にとってメリットになるようなことが具体的に示してあったか。
    ② 視覚資料は，見やすく，わかりやすく，順序よく作られていたか。
    ③ 配布資料は，きちんと作られ，要領よくまとまっていたか。

発表に際してのチェックポイント
    ① 話しの組み立て，発表の順序はうまくいったか。
    ② 導入部の切り込みはうまくいったか。
    ③ 結論は，うまくまとめられ，行動に変化をもたらすようなことがあったか。
    ④ わかりやすいような表現になっていたか。声の大きさ，テンポはよかったか。
    ⑤ ツールはタイミングよく利用できたか。
    ⑥ ボディランゲージはうまく活用できたか。
    ⑦ 質問にうまく応答できたか。
    ⑧ 会場はどうであったか。交通の便，部屋の照明，広さ，装飾など。

（福永：前掲書）

おぼえて活かそう［プレゼンかるた］

プレゼン企画は「かきくけこ」――企画のポイント

　　か　かた（型）＝基本フォーマット，つまり型をつくる。
　　き　きりくち（切り口）＝訴えたいポイント，切り口を明確に表現する。
　　く　くふう（工夫）＝興味をもたせ，欲求を起こさせるよう創意工夫する。
　　け　けいとう（系統）＝最初から最後まで一貫して筋道を通す。
　　こ　こる（凝る，手づくり感）＝自分なりの独自性を工夫する。

プレゼンテーションは「さしすせそ」――プレゼンテーションのポイント

　　さ　さわり（触り）　＝企画の最大の売り物を繰り返し強調する。
　　し　しかけ（仕掛け）＝映像・実物・OHP・パソコンなどを効果的に使う。
　　す　すじみち（筋道）＝起承転結をもち，筋道を通す。
　　せ　せっとく（説得）＝誰が意思決定者かを，事前に把握して説得する。
　　そ　そくおう（即応）＝質疑には即座に対応できるよう十分に準備する。

プレゼンターは「たちつてと」――話し手のポイント

　　た　たちい（立ち居）＝姿勢と服装に気を配る
　　ち　ちみつ（緻密）＝具体例や数字などで内容の確かさを強調
　　つ　つっこみ（突込み）＝訴求点や相手が興味をもつ点で詳細に説明
　　て　テンポ（話速）＝相手に合わせた速度と発声を心がける
　　と　トーク（話法）＝相手に合わせた話し方を工夫する

（福永：前掲書より）

Ⅱ章 プレゼンテーションへの準備
良いプレゼンを行なうために

プレゼンテーションを成功させるためには，事前の準備が重要となる。
　本章では，効果的なビジュアルツールについて，その種類と役割・使用方法や視覚資料の作成について，確認していく。

1．プレゼンテーションのツール

　昔から「百聞は一見に如かず」といわれるように，目に訴えることは強力なアピールとなる。目に訴えるツール（ビジュアルツール）を上手に使うことによって生き生きとした場面をつくり，理解や説得力が増す。ツール（用具，手段）の種類と特徴をしっかり理解し，それぞれのプレゼンテーションで最適のツールが活用できるようになろう。

　　　［ツール活用の利点］
　　　　○一目見ただけでイメージがわく
　　　　○印象に強く残る
　　　　○注意を集中させる
　　　　○瞬時に多くの情報が伝えられる

（1）ツールの種類と特徴

　プレゼンテーションを行なうとき，配付資料や黒板，OHP，資料提示機（OHC），マイクロフォンなどいろいろなツールが用いられることが多い。
　ツールには大きく分けて，① 耳に訴えるものと，② 目に訴えるものとがある。
　耳に訴えるツールの代表がマイクである。また，プレゼンテーションの効果を上げるためのバックに流される音楽なども，耳に訴えるツールといえる。
　一方，目に訴えるツールは，手元に配る資料をはじめとして，スクリーンに映し出される映像まで，数種のものがある。これらの種類と特徴を表にまとめると次のようになる。

目に訴える主なツール

ツール名	長　所	短　所
配付資料	・安価で，容易に作成できる ・繰り返し確認できる ・記録として残る	・配付に手間がかかる ・資料に注目がいきすぎることがある ・事前作成が必要
ポスター	・容易に作成できる ・持ち運びが簡単 ・説明順序が容易	・大きさや枚数に制限がある ・耐久性に欠ける ・事前準備が必要
ボード	・即時性がある ・事前準備が不要 ・メモをとるなど，臨場的で参加意識がもてる	・大きい会場には不向き ・インク切れがある ・消去後，再現が困難 ・聞き手に背を向ける
OHC （資料提示機）	・現物がそのまま使えて，簡単 ・明るい室内でも使用できる ・作成の手間が不要	・高価な設備が必要
OHP （オーバーヘッドプロジェクター）	・安価で，かつ移動も容易 ・原稿作成が容易 ・会場を暗くする必要がない ・聴衆に向いて操作できる	・大きい会場には不向き ・機器の音や熱に配慮が必要 ・ランプがよく切れる ・見えにくい場所，場合がある
パソコン（パワーポイント*）	・多色で動きがあり，興味をひく場面づくりができる ・順序ミスや交換の手間がかからない ・保存，修正，加工が容易 ・遠隔地間でも使用できる ・多種の機器との接続が可能	・設備や操作技術が必要
ビデオ	・動きやストーリー性がある ・リアルタイムで再現できる ・保存に有利	・製作にコストや時間がかかる ・会場を暗くする必要がある

＊パワーポイント：マイクロソフト社が開発したパソコンソフト

耳に訴える主なツール

スタンドマイク	・安定感がある ・会場の広さを選ばない	・可動性が少ない
ワイヤレスマイク	・可動性がある ・臨場感が出せる	・音の死角がある ・大きい会場には不向き ・電池切れがある
ピンマイク（胸にとめる）	・身軽に動ける	・音の死角がある
BGM*	・イメージを増幅できる	・音の調整が難しい

＊BGM：バックグランド・ミュージック

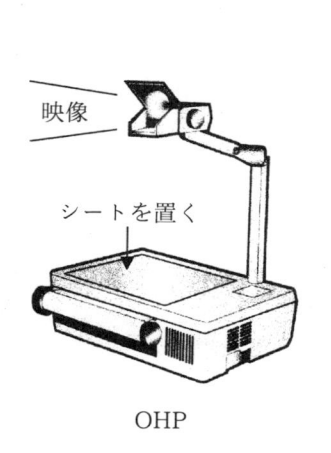

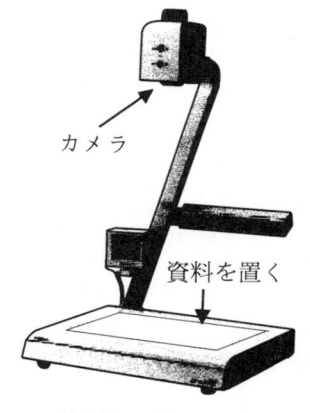

OHP　　　資料提示機　OHC　　　パソコン

（2）ツールの使い方

　プレゼンテーションを行なうにあたっては，聞き手の人数やテーマへの関心，知識の程度などや，会場の大きさや設備など，その状況によって適切なツールを選択し用意する。このとき，多種のツールを使うと，操作や設備に手間がかかり，そちらに気が向いてしまうことがあるので，最適のツールにしぼるべきである。ツールはプレゼンテーションの効果を挙げるための手段であるが，ツールの有効な活用はプレゼンテーションの成否に大きく影響することを忘れてはならない。

　それぞれの状況のもとで，どのツールを用いるとよいかは，① 自分の技術で作成のできるものであること。② 会場の設備などで使用可能であること。③ 作成に必要な時間と費用があること，の三点が要件となる。

視覚物の適性の比較

目的	配付物	ボード，ポスター	OHP	パソコン
利便性	○	○	○	
鮮明性	○	○		○
高級性				○
経済性		○	○	
記録性	○			
記憶性	○	○		
対話性		○	○	
注目性				○
人間性		○	○	○

ツール使用上の注意点

配付資料	・A4サイズに統一する ・ノート的に使用できる空白をつくる ・一目瞭然のレジュメをつける ・量と配付のタイミングを考える ・製本を工夫し，丁寧感，高級感を出す
ボード （黒板，白板，パネル）	・箇条書き的に短く，大きく書く ・できる限り聞き手に背を向けない ・書くときもコミュニケーションを忘れない
OHP （オーバーヘッド・プロジェクター）	・事前のチェックを入念にする ・誤字や脱字に注意する ・その時に必要な部分だけを順次，投映する ・順序を間違えない ・シート交換をスムーズにする
パソコン	・全体の流れをしっかり把握しておく ・説明を途切れないようにする ・万一のため，バックアップをとっておく ・シンプルな作りにする ・場面が多くなりすぎないようにする

II章 プレゼンテーションへの準備　21

演習-3　設備がすべて整っている状況のもとで，次のプレゼンテーションには，なにが最適のツールか，考えてみよう．

プレゼンテーション	最適のツール
150人収容の会場で，「北欧の福祉施設の調査報告」を行なう	
8人の重役の前で，自分の考えた「新企画の提案」を説明する	
10人のグループで，「大学祭の企画」を検討する	
40人の大学生に，「会社概要」を説明する	
20人の来場者に，「商品の出来るまで」を説明する	

（3）OHP シートの作成と使い方

a. シートの作成

　視覚物のツールのうち，多く用いられる OHP に使うシート（フォイルまたはトランスペアレンシー《略称 TP》ともいう）の作成の仕方は，次の三つの方法が一般的である。

OHP シートの作り方

直接手書き法	機械印刷法	写　真　法
・シート作成用のペンで，直接書き込む ・ペンには油性と水性がある。長期保存の場合は油性が適している ・板書をそのままシートに書く板書的方法をとる場合が多い	・ワープロなどで原稿を作成し，コピー機を使って複写専用のシートに複写する（書物からも複写できる） ・複写専用のシート以外は熱で縮んでしまうので使用できない	・カタログや印刷物からそのままカラーシートを作ることができる ・この場合，感熱式 OHP 作成機を使用する

　　　［シート作成の留意点］
　　　　　○文字は18ポイント以上
　　　　　○1枚6行程度
　　　　　○グラフ内の線は2～3本にする
　　　　　○1枚に1題
　　　　　○横型が見やすい
　　　　　○3色以内でカラー化すると効果的

b. シートの準備とその使い方

　① フレーム（マウント）

　フレームはマウントとも呼ばれ，シートを貼り付ける厚手の紙製枠で，薄くペラペラで操作しにいシートを取り扱いやすくし，左右，表裏など枠取りが明確になる。フレームは大型のものを用い，このフレームに投影順序や，その画面の説明に必要な数字・情報などを記入しておくと便利である。

② マスキング法(部分投影法)

シートの一部にマスク(目かくし)をかけて,現在の説明に不要な部分を隠しておき,必要な部分にだけ注目を集める方法。(同じ手法が,テレビのクイズ番組などで用いられ,答の部分にマスクをしておき,後に剝がして答を出したりしている)

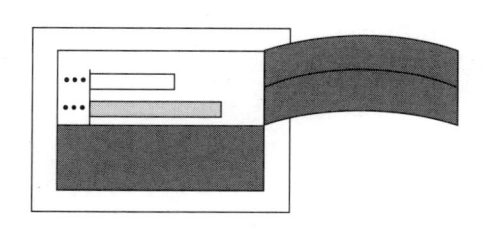

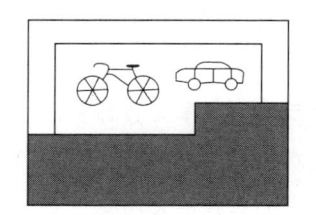

③ オーバーレイ法(重ね合わせ法)

シートの上に別のシートを重ね合わせたり外したりして,動きのあるものにしたり,印象付けたりする方法。たとえば,棒グラフと折れ線グラフを作成しておき,話しの流れに従って2枚を重ねていき,情報を積み上げていくプレゼンテーションの技法である。

このとき,図表などがズレないように右か左の一ヶ所をとめておく。

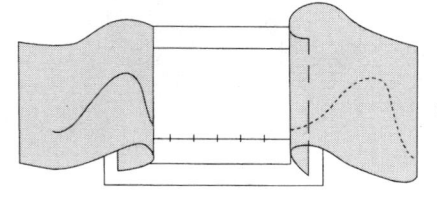

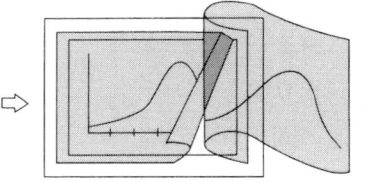

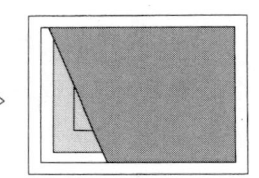

④ 記入法(完成法)

シートの一部を空白にしておいて,プレゼンテーションを行ないながら,その場面で直かに文字や数字などを書いたり,強調したい部分を赤枠で囲んだりする方法である。臨場感があり,効果的である。

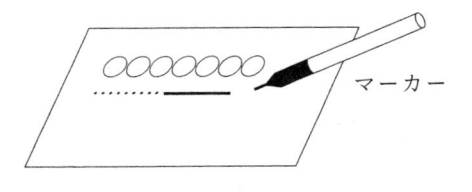

演習-4 次の報告をOHPを用いて行なうとき,オーバーレイ法とマスキング法のどちらが最適か考えてみよう。

① 支店別の各月の売上高比較(重ね合わせグラフ)
② 平成5年~13年までの新規採用人員推移(折れ線グラフ)
③ 新コース開設による取得可能な資格の増加(フローチャート)

（4）主なグラフの種類と特徴

プレゼンテーションでは，説得のために数字が使われることが多い。しかし，聞き手は数量の比較や説明など容易に理解できない。そこで，グラフなどのビジュアルツールが使われる。グラフには各種あり，それぞれ特徴がある。その特徴を理解して最適なものを使おう。

① **円グラフ**（比率を表わすとき）

構成比が一目でわかる。円の中で，個々の項目が占める数量を角度（と面積）で比較するグラフ

- １％を3.6度として時計の12時から右回りに区切っていく
- 一般的に％の大きいものから順に並べる（傾向のあるものはその順に並べる）
- 「その他」は最後に書く

② **棒グラフ**（較差をはっきりする）

ある時点，あるいは一定の限られた期間における数値の比較に適している。数量の大小を比較するグラフ

- 基線に直角に目盛り線を書く
- 左から右に時の流れをとる

③ **折れ線グラフ**（推移がわかる）

時間の流れに伴う推移を見るのに適している。時間（年月など）の経過に伴って変動するものを表わすのに適したグラフ

- 基線を横に，目盛り線を左端に書く
- 基線の左端から年月を書く
- ２本以上のときは色分けなどをする

④ **物象グラフ**（ピクトグラム）

シンボル化・絵文字化したグラフ

- 表わすものが一目でわかる絵などを用いる

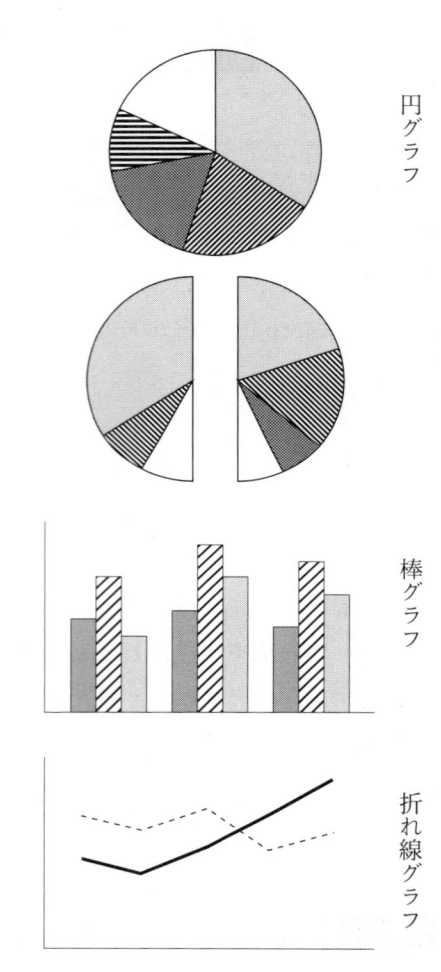

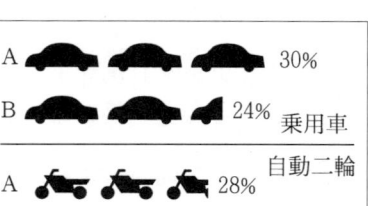

Ⅲ章　プレゼンテーションを成功させる話し方の基本　口頭表現と身体表現

　私たちの日常のコミュニケーションは，その殆んどが「話す・聞く」という形で，「話しことば」を使って行なわれる。これから学ぶプレゼンテーションでは，黒板やポスター，OHPや資料提示機（OHC），コンピュータなどのツールを使い，図表やグラフ，写真や映像などにビジュアル化されて，効果的に行なわれるが，その中心となるのはやはり「話しことば」である。話す内容は，簡潔・明瞭・説得力のあるもので，加えて，あたたか味のある話し方が良いコミュニケーションをつくる基となる。

　本章では，プレゼンテーションを成功させる話し方と非言語表現について，その基本となる部分を実践的に学んでゆく。

1. 人前で話すことに慣れよう

　プレゼンテーションを悔いなく成功させるためには，まず，人前で話すことに慣れなければいけない。慣れることにより，しり込みせずに話せるようになる。ベテランと言われるプレゼンターでも，練習や経験を積んで慣れることにより，立派なプレゼンテーションができるようになったのである。

　「**習うより慣れよ**」である。さっそく，その基本から実践してみよう。

（1）楽しく，はっきり読んでみよう

　一人ずつクラスの前に出て話す練習をしてみよう。最初は楽しみながらできる「早口ことば」にチャレンジしてみる。ここでは速さを競う必要はない。

　「早口ことば」の中には，不得手なものがいくつかあるに違いない。それを練習で克服し，自信をつけておこう。スピーチなどの前に「早口ことば」を練習すると，発声も舌の回転も滑らかになってくる。

人前で話すときは，明るくわかりやすく話すことが基本である。そのポイントは，母音(ぼいん)の発音にある。ことばがあいまいに聞こえる場合は，あ段「あ か さ た な は ま や ら わ」の「あ」の口を大きく開けて発音すると，ことばが明るくはっきりとわかりやすくなる。

演習-5　「早口ことば」を滑(なめ)らかに

お綾(アヤ)や母親(ハハオヤ)におあやまりとお言い

青巻紙(アオマキガミ)　赤巻紙(アカマキガミ)　黄巻紙(キマキガミ)

家具(カグ)　夜具(ヤグ)　身(ミ)ぐるみ　荷車(ニグルマ)

この杭(クイ)の釘(クギ)は　引(ヒ)き抜(ヌ)きにくい

新設(シンセツ)　診察室(シンサツシツ)　視察(シサツ)

東京(トウキョウ)　特許(トッキョ)　許可局(キョカキョク)の局員(キョクイン)

隣(トナリ)の客(キャク)は　よく柿(カキ)食(ク)う客(キャク)だ

向こうの竹垣(タケガキ)に　竹(タケ)立(タ)てかけた

菊桐(キクギリ)　菊桐(キクギリ)　三菊桐(ミキクギリ)，合わせて菊桐(キクギリ)　六菊桐(ムキクギリ)

武具馬具(ブグバグ)　武具馬具(ブグバグ)　三武具馬具(ミブグバグ)，合わせて武具馬具(ブグバグ)　六武具馬具(ムブグバグ)

蛙(カエル)ぴょこぴょこ　三(ミ)ぴょこぴょこ　合わせてぴょこぴょこ　六(ム)ぴょこぴょこ

書写山(ショシャザン)の社僧正(シャソウジョウ)，今日の奏者(ソウシャ)は書写(ショシャ)じゃぞ書写(ショシャ)じゃぞ

笑わば笑え，わらわは笑われるいわれわないわい

わしの家のわしの木に鷲(ワシ)が止まったからわしが鉄砲(テツボウ)で鷲(ワシ)を撃ったら，鷲(ワシ)も驚(オドロ)いたがわしも驚(オドロ)いた

乳牛(ニュウギュウ)の牛(ギュウニュウ)乳と肉牛(ニクギュウ)の牛肉(ギュウニク)をギュウギュウつめこんだので胃がぎゅっとなった

抜きにくい釘(クギ)，引き抜きにくい釘，抜きにくい釘(クギ)抜きで抜く人

家(イエ)の娘(ムスメ)一人お家奉公(イエボウコウ)させたくもいたさせたし。また家において生竹(ナマダケ)の青竹茶(アオダケチャ)せんでお茶立(チャタ)てさせたさも立てさせたし。

III章　プレゼンテーションを成功させる話し方の基本　27

演習-6　日常の出来事から1分間ほど話してみよう。

　基本的な発音練習もできたので，次に，日常の出来事や体験したことなどを1分間にまとめ，クラスメートの前に出て話す練習をしてみよう。この練習によって，いつのまにか人前で話すことに大きな負担を感じなくなるだろう。

［例］

電車の中の高校生の親切

　私は，毎日2時間かけて奈良から通っています。電車の中ではいつも眠ってしまいます。でも今日は，ちょっといいなと思う光景に出会ったのでお話しします。

　いつものように満員の通勤電車に運よく座ってうとうとしていました。次の駅で，80歳くらいのおばあさんが荷物を抱えて押されながら乗ってきました。すると，私の横に座っていた男子高校生2人がさっと立ち上がって，「おばあさん，こちらへ座ってください」と手招きしたのです。そしてそのうちの一人は，「すみません，通してあげてください」と乗客に頼みました。おばあさんは，何度も頭を下げながら私の隣に座りました。

　お年寄りに席を譲ることは，マナーの一つとして知っているのですが，実際には照れてしまったり，知らん顔で過ごしてしまいがちです。

　今日の高校生は，とても勇気があり，カッコよかったと思います。

　この例文は，およそ1分間の内容である。これをクラスのみんなの前でわかりやすく話すためにはどのような話し方がよいだろうか。自分の体験を話すなら原稿はいらないはずである。

　この例文を，自分の体験として考えながら，ゆっくり自分のことばで話してみよう。一本調子で話すと聞き手は退屈する。話し方には基本的なスキル（技術・技能）があり，それを心得て話すと，聞き手も興味をもって耳を傾けてくれるので，こちらの話がしっかり伝わる。

　聞き手をひきつけるための基本的な技術は，次ページに示す五つとされる。

（2）聞き手をひきつける話し方「五つの基本技術」

　話しことばは，一瞬のうちに消えてしまう。そのため，その一瞬にどれだけ印象的に具体的なイメージを伝えられるか，そこに気をくばることが大切である。話し方の基本的な技術を身につけよう。

話し方の「五つの基本技術」

１．イントネーション（抑揚）	文末に表われる話し手の感情である。話し手の気持ちが表現される。
２．プロミネンス（強調）	自分の気持ちや主張を伝えるとき，そのことばや話の部分を強調してはっきり伝える。
３．ポーズ（間）	"間は魔である"，ポーズは話し方の要。 ① 無意識にとる間（息つぎの間，一息の長さ） ② ことばの切れ目の間…句読点の間 ③ 聞き手に理解してもらうための間 ④ 考える心理的な間 ⑤ その部分を強調したり，注意を引くための前後の間
４．スピード（話す速さ）	話しの速度は，話す場や相手によって変わってくる。一般的には，聞き取りやすい話しことばの速度は１分間に300〜350字程度といわれる。 聞き手によくわかる速さで話すことが基本である。
５．チェンジ・オブ・ペース（緩急自在）	抑揚，強調，間，速度などを総合した表現方法である。互いに関連し合い，緩急自在，メリハリのある生き生きとした話し方ができる。

（福永：前掲書）

Ⅲ章　プレゼンテーションを成功させる話し方の基本　29

演習-7　五つの基本技術を活かして，次の「お知らせ」を話してみよう

　この「お知らせ」の中には，話し方の五つの基本技術を活かす部分がたくさん含まれている。全体の地の文，問いかけの部分，羅列された本のタイトル，《　》の中のキツネのことば，ミュージアムへのお誘いなどを，どのように話せばよいだろうか。話し方を工夫して話してみよう。

図書館からのお知らせ

図書館からのお知らせです。
　6月28日は，「星の王子さま」の日です。それはなぜか知っていますか？
実はこの日にフランスの作家，アントワーヌ・ド・サン＝テグジュペリが生まれたのです。
　図書館ではこの日にちなんで，今月の展示コーナーには「星の王子さま」をたくさん展示しています。
　『大人のための星の王子さま』『こころで読む星の王子さま』
　『フランス語で読む星の王子さま』『星の王子さまの恋愛論』
など14冊もあります。

《みなさんは，『星の王子さま』の中で，キツネが
王子さまに言ったこんなことばを知っていますか。
「心で見なくちゃ，ものごとはよく見えない。かん
じんなことは目にみえないんだよ」》

（『星の王子さま』岩波少年文庫より）

　『星の王子さま』は140以上のことばに翻訳されて，80ヵ国以上で出版され，世界中の子供と大人がこの作品に引きこまれています。
　1999年には，神奈川県箱根町に世界で初の記念館「箱根　サン＝テグジュペリ　星の王子さまミュージアム」がオープンしました。企画展示や映像などで作品の世界を再現しています。興味のある方は，是非このミュージアムにお出かけになってみてください。
　図書館では，「星の王子さま」と共に，みなさんのご来館をお待ちしています。

　「お知らせ」は，プレゼンテーションの一つである。この「図書館からのお知らせ」を聞いた人が，『星の王子さま』を読んでみたい，図書館に行ってみよう，という気持ちが起きれば，プレゼンテーションは成功したといえよう。みんながこの「お知らせ」を行ない，クラスでお互いの話し方をチェックしてみよう。

2. ボディーランゲージ－非言語表現を活用しよう

コミュニケーションをはかる場合，話し手の表情や視線，服装や態度などがことば以上に強いインパクトを与えることが多い。プレゼンテーションの場合は，とくに，聞き手を納得させることが大事なので，ことばの正確さに加えて，これらの非言語的（ノンバーバル）な表現を活かすことを考えよう。

（1）第一印象が大切

① 身だしなみ
　服装，ヘアスタイル，化粧，靴など，TPO（time, place, occasion）に合わせた身だしなみにする。
② 姿勢と動作
　背筋を伸ばし，正しい姿勢で向き合う。きびきびした動作はよい印象につながる。
③ 表　情
　表情は明るくする。鏡の前で表情の研究をして，豊かな表情を身につけておく。とくに笑顔は，好感と安心感を与える。
④ 態　度
　何気(なにげ)なく手を後ろに組んだり，腕組みをすると，生意気な態度と受け取られることがある。悪い癖などをチェックしておこう。ことばの出だしに「えー」とつけるなどにも気をつけたい。[1]

人前の態度の基本形

おぼえて実践しよう「セメテアシフクの法則」	
セ	背筋をまっすぐに伸ばす
メ（目）	視線を聞き手にしっかりと
テ	手は両脇に安定させる
アシ	足をそろえ，しっかり立つ
フク	服装を整える

関根健夫・北山国夫『プレゼンテーションこれが基本』日本経営協会総合研究所　1993　p.185。

---

1)「あのー」「えーとー」などを「ことばのひげ」という。

（2）ボディーランゲージ（身体言語）を効果的に用いる

コミュニケーションは，バーバル・コミュニケーション（言語によるもの）と，ノンバーバル・コミュニケーション（非言語によるもの）の二つに分けられる。ボディーランゲージとしてのジェスチャーや身ぶり，しぐさなどは，話しことばを補い，話しに出てくる状況をよりビジュアルに表現できるので，コミュニケーションには欠くことのできない重要な役目を担っている。ボディーランゲージは以下のものがあげられる。

ボディーランゲージの種類

1. 指示的（左右，上下などの方向，位置を示す）
2. 写生的（大きさ，長さを示す，「これくらいの大きさ」）
3. 数量的（指をたてて1本ずつ）
4. 形態的（空間にその形を描く）
5. 象徴的（Vサイン，ガッツポーズなど）

演習-8 次のコメントを，ボディーランゲージを交えながら話してみよう。

1. 新発売のこの冷蔵庫は，上と下の部分に工夫をこらしています。まず上の部分は，冷凍室とチルド室の容量をこれまでより1.5倍に，また下の部分は野菜や果物を入れるスペースで，仕切りを入れて使いやすくしてあります。

2. ジャイアントパンダに，オスの赤ちゃんが生まれました。母親のパンダはこんなに大きいのに，赤ちゃんパンダは，体長がたった17センチ，体重は190グラムだそうです。

3. この栄養クリームを一日朝晩の2回ご使用いただくだけで，たちまちお肌がつやつやしてまいります。ぜひお試しください。

4. オリンピックの開会式では，飛行機の編隊が上空に五輪のマークを鮮やかに描いて見せました。

5. 「私はスキーの世界選手権ラージヒルジャンプで，このスキー板のお陰で優勝することができました。やった！　という気持ちです。」

(3) 視線―アイコンタクトに気を配る

　一対一で話すときは，まず相手と向き合ってやわらかい視線を合わせ，優しさ，落ち着き，信頼感を与えられるようにする。大事な場面では，相手の目を見て確認し，適度の相づちも必要である。

　スピーチやプレゼンテーションなど大勢の前で話す場合は，「目を泳がすな」と注意される。それは，相手の目を見ずに，聞き手の頭上をあちこち通過して，天井や壁に視線を向ける話し方を意味している。また，原稿ばかり見て，下を向いて話すのは説得力に欠ける。

　会場の中心から左右へとまんべんなく視線を送るように気を配る。会場全体に"Z"型に，あるいはジグザグに視線を動かすのがよいとされる。その間に「視線は必ず一人に合わせ，その聞き手に向かってワンセンテンス，3～4秒ほど視線を止めて話しかけるようにする」と効果的だといわれる。会場には，何人かうなづきながら一生懸命いて聞いてくれる人がいる。その人に向かってアイコンタクトをとることも効果的で，話し手と聞き手を結ぶ強い絆になる。

アイコンタクトの二つの原則

1. **Look，Smile，Talk の原則**
   最後列の席の人を見て，笑顔で話し出すという原則
   一呼吸おいて，落ち着いて話し出せということである
2. **One sentence，One person の原則**
   一段落で一人にアイコンタクトし，次の段落では他の人にアイコンタクトして話す。また，多数の人を相手にしたコミュニケーションでも，常に一対一で話しているようにすることを **One on communication** という。

3．プレゼンテーションを成功させる話し方を体得する

　プレゼンテーションには，一対一から多人数の聞き手など，場面により目的もいろいろであるが，聞き手を納得させられるかどうかが成功の鍵となる。

　そのために，いろいろの人が試行錯誤を繰り返しながら工夫し，研究を重ね，成功に導くための話し方について確立してきたものがある。そのポイントは次の八つである。それらを学んで，体得し，プレゼンテーションを成功させよう。

（1）　プレゼンテーションを成功させる八つの原則

① 　原稿を読むな，自分のことばで語ろう

　自分の原稿や出席者に配付した資料を読み上げるプレゼンテーションほど退屈なものはない。説得力も何もない。自分のことばで語りかけてこそ，相手にしっかり伝えられる。

② 　説得ではなく，納得させよう

　相手の立場，状況，ニーズなどがプレゼンターの予想と同じとは限らない。説得されたとしても，満足できないケースもあるだろう。相手のニーズを的確にとらえて，納得できるように話すことが大切で，ときには笑顔で，余裕をもって話しかけよう。

③ 　熱意をもって話そう

　理解しやすいように，しっかりまとめたプレゼンテーションの内容でも，熱意をもって話すかどうかで効果が左右される。プレゼンターの熱心な姿が，相手の心を動かすということが多い。

④ 　センテンスは短く，40字ほどで組み立てる

　センテンスを短くする。「何が～どうした」をおよそ40字で組み立てるようにする。
　主語と述語の間隔を短くし，ワンセンテンスは10秒以内にするとよい。

⑤ 　「予告」して，聞き手側のマインドセットを

　それぞれのパートを話す前に，必ず予告する。そうすることにより，聞き手側のマインドセット（心の準備）ができ，説明にすんなり入りやすくなる。

⑥ 　結論を印象づける

　結論部分は，プレゼンテーションのクライマックスである。大事な部分は必ず繰り返して，印象深く相手の心に残る話し方を工夫する。

⑦　成功の鍵は，一にも二にもリハーサル

　プレゼンテーションを成功させる最大の鍵は，練習の繰り返しと，事前のリハーサルを行なうことである。そして，話しの流れや話し方などについては，第三者のアドバイスを受けよう。

⑧　質疑応答の話し方　（あわてずに落ち着いて）

　プレゼンテーションでは，必ず質疑応答がある。質問に対して適切に応答することは，プレゼンテーションの内容と同じくらい重要である。むしろこの質疑応答によって，相手が納得して，次の行動に移れるようにすべきである。

　経験の少ない者にとっては，プレゼンテーションを行なうことに精一杯で，質疑応答は怖くて仕方がないという人も多い。知らないことを聞かれたらどうしようかと心配になるからである。そのため，質疑応答が始まった途端に，話し方までが自信なさそうに変わってしまうことがある。このようなことにならないためには，プレゼンテーションの内容と想定問答などの準備をしっかりしておくことが肝要である。

（2）　質問について

①　質問を受けるとき

　質問を受けるときは，質問の内容をしっかり把握しよう。把握できないときはもう一度たずねる。そして簡潔に，的確に答える。すぐに答えることができない質問には，「申し訳ありませんが，その点につきましては，今，正確にお答えすることはできかねます。さっそく調べまして，後ほどご連絡させていただきます。」と正直に伝える。その率直さがかえってよい結果を生む。

　質問が出るのは「自分の説明が不十分だから」と考えるのではなく，むしろ「自分の発表にリアクションがあった」と前向きにとらえよう。質疑応答は，質問者とコミュニケーションをはかるよいチャンスである。

②　質問者の質問のしかた

　質問をするときは，要点を絞って簡潔に発言する。センテンスを短く，4センテンス以内，秒数にして30秒以内におさめるとわかりやすい。

　プレゼンテーションは「習うより慣れよ」で，訓練と経験を重ねて実力を養うことである。自分の話し方を注意深くチェックし，自分で納得できるようなプレゼンテーションができるように，しっかりトレーニングをして，効果的な言語表現を身につけよう。

第2部　実践編（ケース・スタディ）
プレゼンテーションをしてみよう

　いよいよプレゼンテーションの実践である。これまでに学んだ基本を活かして，プレゼンテーションに取り組んでみよう。

　このケース・スタディは，キャンパスライフの中でのさまざまなテーマを設定して，どこからでも演習できるように組み立てられている。積極的にチャレンジして，確かなプレゼンテーション能力を身につけ，就職活動などに有効に役立ててほしい。

I章　自　己　紹　介

　どのような場であれ，初めて出会う人には自分からあいさつし，積極的に関わりをもとうと意識することが望ましい。
　ところが，人は未知のことや見知らぬ人に対しては，誰しも多少の不安などを感ずる。そのような不安感や警戒心を相手の心から取り除き，相手と好ましい関係をつくるために，よい印象を与えようとする能動的な行動が自己紹介である。
　長い人生では，他者との偶然な出会いから新たな自分を発見することもあり，その後の人生によい影響を受ける。

1．自己紹介のポイントを学ぼう

　自己紹介の目的は，自分のことをわかってもらうことであるが，相手に爽やかな，よい印象を残すためには，その場に合ったふさわしい内容や話し方を心がけなければならない。
　効果的な自己紹介は自己PRと同時に，しっかりおぼえてもらい，爽やかな好印象を残すことがポイントである。
　自分の紹介だからといっても，好きなように進めてよいわけではない。そこには，聞いてもらう他者（聞き手）の存在があり，メッセージを受け取る他者の受け止め方は千差万別なのである。当然であるが，聞き手がどのような人かによって，自己紹介のし方も異なる。
　まず，自己紹介をするときのポイントについて考えてみよう。

a．自分自身を見つめてみる
　自分の何を紹介したいのかをまとめるためには，いろいろな聞き手を想定しても，まず，自分というものがわからなければならない。そこで，自分のことをあらゆる角度から改めて知る必要がある。

演習 I-1 自分をみつめて，次のことを書き出してみよう。（空欄には自分で考えて）

私の好きなものは（食べ物，場所，物など）	私の趣味は
私の好きなスポーツは（選手では）	私の得意な科目は
私のニックネームは	私のモットーは
私の特技は	私の夢は
私の血液型は	私の今の最大の関心事は
私の尊敬する人は	私の長所は
私の短所は	私が就きたい職業は
私の好きな書物は（作家は）	私の好きなことばは（なぜか）

b. 自分史づくりをしてみよう

演習 Ⅰ-2 自分史の中のエピソードを書き出してみよう。

誕生時のようす	
小学生時代	
中学生時代	
高校生時代	
大学に入って	

c. 自己分析をしてみよう

演習 I-3 ペアーを組み，友人はあなたをどのように見たり，思ったりしているのか記入してもらおう。

	から　　　　　　　　さんへ
あなたの特徴は〜です	
あなたの長所は〜です	
あなたの短所は〜でしょう	

d. 自己PRを考えてみよう

演習 I-4 これまでにまとめたことを活用して，20字程度で自分を語ろう。

自分のセールスポイントは？

自分の人柄（こういう人物）は？

e. **自分についてまとめてみよう**

演習 Ⅰ-5　自己紹介書を作成してみよう。

自 己 紹 介 書

大学　　　　　　学部（学科）　氏名	
得意科目 及び 研究課題	
クラブ活動 ボランティアなど	
趣味や特技	
学生生活を通じ， 得たこと 社会へどのように 応用するか	
資格 免許 検定	
志望動機	

2. 自己紹介をしてみよう

　ある人数を前にして自己紹介をするには，その構成メンバーの特質を意識していることが望ましい。効果的な自己紹介は，メンバーの印象に残るように，あなたのもてるものを，限られた時間内に，できるだけ多く紹介できるかどうかがポイントとなる。

　　ポイント
　　　○切り出しの挨拶（「皆さん，こんにちは」など）を述べる。
　　　○名前（フルネーム）を名乗る。
　　　○自分を印象づけるための工夫をどうするか決める。
　　　○最後にもう一度，姓名を名乗る。
　　　○結びの挨拶（「よろしくお願いします」など）を述べる。

（1）名前を印象づける

　名前を覚えてもらうには，どのような漢字で書くのかなどを明らかにする。相手が頭の中でその文字が描けるように工夫して伝えることがポイントである。

［例1］漢字を分解して説明
　「佐藤恵子と申します。サトウのサは，にんべんに左と書き，トウは，草かんむりのフジです。全国で最も多い苗字だといわれるサトウです。名前は，恵まれて育つようにとの母の願いから「恵子」と名づけられ，そのとおり，周囲の皆様からかわいがられて，恵まれています。」

［例2］地名に結びつける
　「千葉義仁と申します。チバは千葉県と同じ漢字を書きます。名前のヨシヒトは，逆に書くと，映画の『仁義なき戦い』の仁義と書きますが，両親の思いは，義理，人情に富んだ人物になって欲しいとの願いで名づけてくれました。名前負けしないように努力しています」

［例3］名前に込められた意味を紹介する
　「川本良子と申します。ヨシコにはいろいろな書き方があり，私は「良い子」と書き，リョウコと読みますが，父母の願いが込められているようです。小さい頃いたずらをすると，母は『リョウコちゃん』と呼ばず『良い子ちゃんだからね』と叱っていました。」

第2部　実践編

演習 I-6　名前を覚えてもらうための自己紹介をしてみよう。

［状況設定］
- いつ：　　入学時に
- 目的：　　自分の名前を覚えてもらうために
- 場所：　　教室で
- 誰に：　　クラスメート30名を前にして
- 方法：　　口頭で
- 時間：　　30秒間で

切り出しの挨拶（「皆さん，こんにちは」など）とフルネーム

名前の漢字を印象づけるための工夫

結びの挨拶（「よろしくお願いします」など）と，もう一度フルネーム

コラム

変わった名前

四月一日　または　**四月朔日**　　**ワタヌキ**と読む。（綿入れを脱ぐから）

十　（木の八がないもの）　　**モギキ**と読む。（木から枝をもいでいるから）

源五郎丸（げんごろうまる）　北御門（きたみかど）　問註所（もんちゅうしょ）　東江（あがりえ）*　高江洲（洌）（たかえす）*　［*沖縄の姓］　五百旗頭（いおきべ）　李（すもも）

朴（ほおのき）　五十殿（おむか）　村主（すぐり）　岐山（はげやま）　弘原海（わたつみ）　禅（ゆずり）　功刀（椚）（くぬぎ）

複数の読み方がある名前

小池（こいけ，おいけ）　　　　　　小倉（こくら，おぐら，こごう）

安住（あずみ，あんじゅう）　　　　陣内（じんのうち，じんない）

安部（あべ，あんべ）　　　　　　　東原（ひがしはら，とうはら）

実在する変わった名前

愛宕八郎康隆（元長崎大学教授）（侍のような）　　　一円一億（かずえ）（元関西大学教授）（故人）

（2）人柄を印象づける

　人は，初対面の相手には不安が伴い，近づきにくいものである。そこで，「私はこのような人物です」と自分から知らせることは，人間関係を築くうえで有効な手段である。あなたの考え方や人柄を相手に知ってもらうために，自分の趣味や特技，現在夢中になっていること，興味をもっていること，あるいは目標としていることや愛読書などを紹介する。
　相手の人柄や考え方を知れば，それなりの対応ができるので，安心して付き合える。
　名前の文字を人柄や自分の人生観，容貌，出身地，名前にまつわる事柄などと結びつけるのも効果的である。

［例1］趣味を紹介する
　「私は，あなたの趣味は？　と尋ねられますと，食べ歩きと答えています。特にパスタ料理にはうるさくて，美味しいお店をご紹介できると自負している板屋幸代です。ご用の節はぜひともお申し付けください。」
　「黒田大輔と申します。名は体（たい）をあらわすと言いますが，ご覧のとおり，年中日焼けした顔はたくましく見られます。マリン・スポーツに凝っている成果だと自慢しています。」

［例2］現在，夢中になっていることを紹介する
　「広島生まれで，プロ野球のカープ・ファンの山本博です。監督と同じ名前でもあり，今年は調子がよさそうなので，特に熱を入れて応援しています。顔つきも監督に似ているといわれ，皆から『監督』というニックネームをもらっています。」

［例3］目標にしていることを紹介する
　「益田純子と申します。私の夢はケーキ職人になって自分のお店を30歳で持つことです。小さい頃からデコレーションケーキの飾りつけに興味をもっていました。大学で美術を専攻し，色彩学を学んだことも影響して，飾りつけにはうるさい方です。現在もケーキ屋で働きながら，独立を夢見て腕を磨いています。」

［例4］人生観を紹介する
　「吉村祐治，大分県出身です。口は多少悪いですが，内にやさしさを秘めたおもしろい奴だとよく言われます。非常に忘れっぽくて，これに関してはいろいろなエピソードをもっています。誠意と責任をモットーに，人との付き合いを大事にしています。野球が好きで，油絵も少したしなむ，洗練されていないが素朴な青さをもつ九州男児です。どうぞよろしく。」

44　第2部　実践編

演習 I-7　自分の人柄を知ってもらうための自己紹介をしてみよう。

[状況設定]
- いつ：　就職のとき
- 目的：　自分の人柄を知ってもらうために
- 場所：　会社の応接室で
- 誰に：　2名の面接担当者を前にして
- 方法：　口頭で
- 時間：　1分間で

切り出しの挨拶（「失礼いたします」など）とフルネーム

自分の何を相手に知って欲しいか，1～2点まとめる

結びの挨拶（「よろしくお願いします」「ありがとうございました」など）

I章　自己紹介

[演習例１]

> ①　私の長所は，明るく，前向きなところと，やると決めたことは，途中で大きな壁にぶつかって悩むことがあっても，最後まであきらめずに責任をもってやりとおすところです。
> ②　趣味は，写真を撮ることで，家から夕日が見えたりすると，電柱が無いところまで自転車を走らせます。一秒一秒違った表情を見せる空を眺めていると，何だか落ち着きます。高校に在学していた時から写真を撮りはじめて，その写真はきちんと保存しています。
> ③　現在の努力目標は，まず，自分よりも相手を思いやれるような人になることです。

[ポイント]

面接担当者に自己紹介をすることは，自分の長所をアピールすることでもある。効果的なアピールは，企業側がどのような人材を求めているかを考慮したものでなくてはならない。

①　体験的なエピソードを一つでも紹介すると説得力がある。
②　面接担当者に趣味を紹介する場合は，そのことが仕事にどのように関わっていくのか，また，どのような自分の人柄を伝えたいのかをはっきりさせるとよい。

[演習添削例]

> ①　私の長所は，明るくて前向きに物事にあたることです。やると決めたことは，途中で大きな壁にぶつかり悩んだあげく挫折しそうになっても，最後まであきらめずに責任をもってやり遂げることが出来ます。
> ②　高校時代からの写真撮影が趣味ですが，納得のいく写真を目指すために，夕日を追っかけてしまうほどのこだわりをもっています。一秒ごとに変化する空の表情をじっくり観察することで，精神修養にもなります。勿論，写真は撮りっぱなしではなく，撮影を通して自分の見方や考え方の変化がわかるようにきちんと整理しています。
> ③　現在心がけていることは，相手を思いやった行動が出来る人間になることです。

[演習例２]

> 私の一番自慢できることは，元気で笑顔でいることです。私はガソリンスタンドでバイトを①しています。夏は暑く，冬は寒いのですが，一生懸命バイトをしています。ガソリンを入れに来るたびに不機嫌そうな顔をしてくるお客さまがいました。笑顔を忘れず，お客様を迎えたのですが，笑ってくれないまま帰っていきました。それから，何度も何度も来ても笑ってくれませんでした。ある日突然，お客様から話をかけてくれました。「元気な子」だと言ってくれました。帰り際にも，「笑顔でありがとう」と言ってくれました。私は，とっても嬉しかったです。

[ポイント]

①　改まった場所では，バイトではなく，きちんと「アルバイト」と使う。

② 仕事の厳しさを体験し、そこから得た精神的な強さをアピールできるようにする。
③ サービス精神の必要性がはっきりわかるメリハリのある文章にする。

［演習添削例］

> 　一番の自慢は、いつも元気がよく笑顔で人に接することが出来ることです。ガソリンスタンドでアルバイトをし、夏は暑く、冬は寒いという悪条件にも関わらず、接客業としての基本姿勢である笑顔を欠かさないよう常に努力しています。
> 　お客様の中には、来られるたびに不機嫌そうな顔をしている人がいて、とっつきにくくて不愉快になるときもありますが、それでも元気な声で笑顔で応対する毎日の繰り返しでした。
> 　ある日、突然、お客様の方から「元気な子じゃね」と話し掛けてもらい、これまでの苦労が吹き飛んだように嬉しくなる一方で、仕事の厳しさを学ぶ機会を得ています。

［演習例３］

> 　私の長所は、チャレンジ精神がとても強いことです。何事にも、やってみる前から自分には出来ないとあきらめたり、しないのが好きではないのです。ですから、色々な資格、検定にも結果はどうであれ挑戦しています。その挑戦する前向きな性格が私の一番素晴らしいところだとおもっています。性格で努力していることは、チャレンジ精神が強いので、多くのことに手を出しすぎるときがあるので、時間などを考えて取り組むようにし、中途半端にならないように努力しています。
> 　現在、私の町で取り組んでいる町民ミュージカルに参加することを３年間続けています。このミュージカルで、主役をもらえるように練習をがんばって続けたいです。

［ポイント］
① 同じ表現が繰り返されると、くどい印象を与えるので工夫が必要となる。
②③ 長所が角度を変えれば短所にもなるが、表現方法を工夫するとよい。

［演習添削例］

> 　私の長所は、チャレンジ精神旺盛なことです。物事に挑戦する前からあきらめ、しり込みすることはいたしません。これまで、様々な資格や検定にも、結果をためらって躊躇するよりも、挑戦する姿勢で取り組んできました。勇気や行動力が養えると思っています。
> 　一方で、好奇心旺盛なために、多くのことに挑戦するあまり、時間管理が思うように出来ない場合もあります。やり始めたことを中途で投げ出してしまわないように、しっかり自己管理や時間管理が出来る能力も求められていると心しています。
> 　この３年間、町民ミュージカルにも挑戦していますが、目標は主役を得ることです。

（3）エピソードで印象づける

　その人につけられた愛称やニックネームは，それなりの理由があり，その人の人柄を表わすような場合がある。また，その人の名前は，両親が何らかの願望などをこめて名づけている場合が多い。これらを活かして興味を引き，印象づけることも効果的である。

［例1］ニックネームを紹介する
　「村下博士と申します。『ひろし』と読みますが，周囲からは『はかせ』と呼ばれています。大学の先生にさせたかった親の期待を裏切り，自分で商売を始めたものの，世間の『はかせ』のような知的好奇心だけは常に持ち合わせる努力は怠りません。」
　「大鳥平次郎と言って，時代劇に出てくるような名前です。苗字は，大きな鳥と書きます。目つきが似ているためか，『コンドル』というニックネームで呼ばれるようになりましたが，性格は，いたって温厚です。」

（4）その場の雰囲気で印象づける

　自己紹介をする場は，その場に関心をもったり，共通する意図をもった人々の集まりである。会合の日に関係した話題や，会に関連した話題を上手に取り入れれば，聞き手の興味を喚起し，印象深いものとなる。

［例1］会合に関連させた紹介
　『紅の豚』と呼ばれ，空を飛ぶことに並々ならぬ喜びを感じている青山邦夫です。今日は，大空を愛する人の集まりということで，皆様との情報交換を楽しみにしております。よろしくおねがいします。

［例2］日付にちなんだ紹介
　「皆さん，今日は7月7日で『たなばたの日』ですね。私の名前は，井上ナナ子と申します。七夕に生まれたので名づけられましたが，この記念すべき日の集まりに，ぜひとも運命的な出会いができればと願っています。どうぞよろしくお願いいたします。」

演習 Ⅰ-8　エピソードを紹介しよう。聞き手はチェックシートを利用し，友人のチェックをし，発表者も振り返りのチェックをしよう。

［状況設定］
- いつ：　友人とのコンパで
- 目的：　自分の人柄をより知ってもらうために
- 場所：　居酒屋で
- 誰に：　10名の友人を前にして
- 方法：　口頭で
- 時間：　2分間で

切り出しの挨拶とフルネーム

自分のニックネームやエピソードを，どのように工夫するか

結びの挨拶を述べ，もう一度フルネーム

Ⅱ章 フリートーク
自由なテーマで話す

　一般社会やビジネスの場において求められる「話す能力」をしっかり身につけるには，自由なテーマで話すフリートークの機会を数多く経験することである。
　フリートークは，テーマを与えられて話す場合とは違って，自分が興味や関心をもって話せる題材を選び，その結果，聞き手の興味や関心を引き出し，さらには聞き手を魅了できれば最高である。
　ここでは，テーマと場面を自分で設定したと仮定して，演習に取り組んでみよう。

1．フリートークで話してみよう

　次のテーマについてクラスやサークルの中で，話してみよう。

（1）企業見学の報告

［例］企業見学について　　　　　　　　　　　　　　　　　　　　　　　　　（学生の原稿）

　私は，この前，門真の「松下電器」に見学に行きました。
　　　　①　　②　　　　③
　スケジュールは，オーディオ事業部の紹介ビデオからでした。次に，自己紹介をし，会社概要を聞きました。
　午後から，工場見学に行き，歴史館や技術館を回りました。工場見学をしてわかったことは，機械の細かい部品も大勢の人の流れ作業で組み立てられている，ということでした。例えば，DVDの製造工程では，手のひらぐらいの部品ひとつに，200人の手が加えられていて，1日に1,500個作られることがわかりました。精密な機械は機械で作られる，と思っていたので，意外で驚きました。人の力のすごさがわかりました。
　　　　　　　　　　　　　　　　　④
　歴史館では，松下幸之助にまつわる展示品と，コンピュータと映像で，製品の歴史や解説を聞きました。日本の電気製品の発展をたどることができました。
　最後に技術館を見学しましたが，私にとっては，ここが最も興味を持った場所でした。現在の最先端技術を使った機械などが展示され，未来の私達の生活を見たように思います。高齢化社会での住宅の展示などがあり，座椅子シャワーや，ホームエレベーターは，私もいつか使うことになるかも知れないと，関心をもって説明を聞きました。

この見学を通して，機械と人との関係や，将来の社会について考えることができました。

[ポイント]
① この場合，日時は明確に
② 市町村名など省略しない
③ 会社名は省略しない
④ 具体的にする
総合……全体的に適切な表現をするとよい

[添削後]

　２月16日，私は，門真市にある「松下電器産業株式会社」の工場を見学しました。
　その日のスケジュールは，オーディオ事業部のビデオ紹介から始まりました。そのあと，簡単な自己紹介を行い，会社概要について説明を受けました。
　午後は工場見学のあと，歴史館や技術館を見て回りました。工場見学をしてわかったことは，機械製品の細かい部品も大勢の人の流れ作業で組み立てられているということでした。例えば，DVDの製造工程では，手のひらサイズの部品1個につき，200人の手が加えられており，1日の生産数は1,500個であることを知りました。それまで，精密な機械は機械によって作られる，と思っていた私は，意外な事実に驚きました。人の手の力を改めて知ることができました。
　歴史館では，松下幸之助にまつわる展示品を見たり，コンピュータと映像による製品の説明や歴史的な解説を楽しむことができました。日本の電気製品の発展をたどることができました。
　最後に技術館を見学しましたが，私にとってはここが最も興味を持った場所でした。現在の最先端技術に基づく機械や設備が展示され，未来の私達の生活を目にすることができました。高齢化社会に適した住宅設備が展示されていましたが，特に，座椅子シャワーや，ホームエレベーターは，私も遠い将来使うことになるのだろうか，と関心をもって説明を受けました。
　この見学を通して，機械と人との関係や将来の社会のあり方について考えることができました。

演習 Ⅱ-1 実際に参加した見学や研修などについて，参加しなかった人たちに2分間話してみよう。

　　[状況設定]
　　○見学や研修の日時，場所，
　　○具体的な内容
　　○意見，感想

（2）時事問題について

[例] 環境保護について

> 　先日の新聞で、インドネシアでの森林火災による公害発生の記事を読みました。
> 　このように環境保護の点から考えて好ましくないニュースは、人為的なものから自然発生的なものまで、たびたび私達の周りに起こっています。ゴミ問題、ダイオキシンなどの環境ホルモンも今や身近な問題となっています。フロンガスによるオゾン層の破壊が温暖化をひきおこしていることなどは、地球の抱える大きな悩みとして取り上げられることも多く、世界的な取り組みが求められています。
> 　日本でも昨年、リサイクル法が制定され注目されています。資源の再利用や、ゴミ問題の解決策としてその成果をおおいに期待したいと思います。
> 　しかし、もっと基本的な取り組みは、私たち自身が、環境破壊を起こす物質をいっさい出さない、という意識と努力であるはずです。「皆さんは毎日の生活の中で、環境保護のための努力をしていますか。」この質問に世界中の一人ひとりが「はい」と自信をもって答える日が来ることが、地球の環境を救うための唯一で最良の方法ではないでしょうか。そのために、わたしたちは、努力を怠ることなく日常の暮らしを環境にやさしいものに変えていかなければならないと思います。

[ポイント]
　① 新聞の日付
　② 新聞名ははっきりと
　③ 起こっているのはニュースではない
　総合……全体の論旨を整理する

演習 Ⅱ-2　今日の新聞から関心のある記事について、クラスで、2分間話してみよう。
　　　[状況設定]
　　　○自分の関心のある記事
　　　○問題の背景を把握
　　　○意見、提案を提示

（3）好きな店の紹介

［例］近所に開店したケーキショップの紹介

> 　最近，私の家の近くにできたケーキショップをご紹介します。店の名前は，「フランボワーズ」で，フランス語の「木いちご」を意味します。場所は，岡本駅の改札口を出た通りの，一本南側の道路沿いです。1月1日のオープン当日は長い人の列ができていました。私もその列に加わりましたが，シュークリームやショートケーキは人気が高く，すぐに売り切れてしまいました。私はチーズケーキとチョコレートケーキを買いました。そのケーキの甘さはひかえめで，すっきりとしていながら，チーズやチョコレートの素材の良さが口の中にふわっと広がる繊細な味わいで，私はすっかり魅せられてしまいました。
> 　それ以来，私の友人宅への手みやげは，迷わずこのお店のケーキと決めています。
> 　もうひとつ，私が気に入っているのは，ここのケーキには，それぞれのケーキに，ひと言カードが添えられていることです。例えば，マロンケーキには，「栗の季節です。今年の丹波栗の風味をお楽しみください。」という具合です。皆さんもぜひ一度味わってみませんか。きっとこのお店のファンになるにちがいありません。

［ポイント］
- 駅から何分くらいか
- お店の人のことがちょっとあればもっとよい。

演習 Ⅱ-3　自分の好きな店について，楽しい仲間数人に，2分間話してみよう。

［状況設定］
- 店の名前，場所
- 販売商品，価格
- 自分が気に入っている理由
- 他店との相違

（4）視覚資料（物や写真など）を用意して話す

[例] りんごを題材に話す

> 　りんご，と言えば思い出すことがあります。私は，子供の頃，ほとんど，りんごを食べませんでした。あのサクッとした歯ごたえが，どういうわけか，好きではなかったのです。口にするのは，病気で食欲がない時などに，母が作ってくれる，すりおろしりんごぐらいだった，と思います。
>
> 　ところが，中学１年のある日，３月に長野県に引っ越していった，河野明子さんという友人から，りんごが送られてきました。そして，まもなく届いた手紙には明子さんの近況がうかがえる言葉とともに，最後に，「とっても美味しい，採れたてりんごです。あなたのりんご嫌いも，このりんごで，きっとなおるはず」という言葉が添えてありました。この時，明子さんと離れて，淋しい思いをしていた私は，なつかしい明子さんを思い出して，りんごを食べてみよう，という気持ちになりました。長い間，口にすることのなかったりんごを，思い切って自分でむいてみたのです。はじめてむいたりんごでしたが，一口かじってみると，今までに想像したりんごとはちがったりんごの味を感じたのです。さわやかで，みずみずしく，何とおいしかったことでしょう。
>
> 　私は，りんごの味を知った感激とともに，明子さんの友情をしっかりとかみしめました。それからというもの，毎年，りんごのシーズンになると，このことを思い出しては，明子さんにも感謝の気持を伝えています。今では，りんごが私の大好物です。

演習 Ⅱ-4　次のような視覚資料を用意し，クラスのみんなに，２分間話してみよう。

1. 絵葉書
2. 飼っているペット
3. バラの花
4. 携帯電話
5. 人形

III章 パブリック・スピーキング
フォーマルな立場でのトーク

　パブリック・スピーキングとは，① 公の場で聴衆（聞き手）に話すこと，である。聞き手の人数や目的，また，どのような聞き手かによって，その内容は異なるが，いずれにしても，② やや改まった席で，③ 限られた時間の中で，の話しとなるので，日常生活における家族や友人，同僚たちとの話し方とは異なり，多少，改まったことばづかいや表現となる。

　本章では，大人数でのスピーキングではなく，比較的少人数でのスピーキングで，やや改まった席，という程度の話し方の演習を行なう。

　身近なパブリック・スピーキングには，自己紹介や他己紹介，一般的なスピーチ，あいさつ，会議での報告など，さまざまな場面が考えられるが，ここでは，(1) インタビュー，(2) 司会，(3) テーブルスピーチ，について演習する。

# 1．インタビュー

　インタビューとは，報道記者などが取材のために会って話しを聞くことである。
　聞き手の側にテーマ（目的）があって，「テーマについて，相手から本質的なことを聞く」また，「それを会話のなかで構成していく」ことが，インタビューの基本である。テーマを無視しては，いかに個性的に聞こうと，専門的な質問をしようと，またテーマと関係なく偶然の結果が面白かろうと，それは本来的なインタビューとはいえない。

（1）インタビュアーの心得

　インタビュアーは，相手に「興味をもつ」ことに始まって，相手の話しを「よく聞き出す」ことで終わる。実際にはどうすればよいか，その心がまえと方法について考えてみよう。

［準備］

　① 相手を知る

　会う前に，相手について調査・研究し，相手を十分に知っておくことである。出身地や経歴，家族構成，趣味なども調べ，そして，インタビューの内容に関することがらを整理しておく。
　事前準備をしすぎると，臨場感や新鮮味に欠けるということで，「知らない方がよい」という考え方もあるが，それは手馴れたインタビュアーのことであり，一般には，納得できるところまで準備をすることが自信につながる。

　② 構成してみる

　インタビューの場合も，構成は，他のプレゼンテーションと同様に三段階構成や四段階構成が基本である。
　調べたことがらやインタビューの資料などを整理して構成を組み立て，インタビューを想定したシミュレーションをしてみるとよい。
　質問も答えも，両方とも自分でやってみる。一つの質問に対して，想定できる答えはいろいろあるだろう。そこで次元の違う筋道を次々に追っていくと，複雑な展開のうちにも全体像が見えてくる。つまり，インタビューの構成を組み立ててみることで，ある程度，相手の答えを予測することができる。この場合，相手のプライバシーには十分に注意する。
　インタビューはあくまで相手の考えや人間像を最大限に引き出すことであるから，相手

がいきいきと輝いて話していたら，予定した質問は控えて，相手の話しを十分に聴くことも大切である。

[インタビューの相手と対面]

① 雰囲気をつくる

相手と対面したなら，インタビューに入る前の打ち合わせや雑談の中でも，まず相手を観察し，口は重いか軽いか，声の大小，機嫌がよいか悪いかや，緊張感の有無などを判断し，雰囲気づくりを考える。また，インタビュアーの態度や誠意が相手を動かすということも忘れてはならない。

「この人は，私の話しを本気で聞きたがっているな」と相手が感じ，「よし話そう」と乗り気になったとき，話す雰囲気は盛り上がってくる。

② インタビューの出だし

出だしほど難しいものはない。なぜなら，第一問とその答えが，あとの展開に大きく影響し，内容も雰囲気も，その後の会話の流れの善し悪しも左右し，第一問の出だし次第で，そのインタビューの成否が決まってしまうといっても過言ではない。

たとえば，これはある女子高校の野球部員に対するインタビューで実際にあったことであるが，先ほどまで活発に動き回っていた部員たち20数人は，インタビューが始まったら，緊張して，グラウンドでの元気はどこへやら，インタビュアーをチラチラ見ながらモジモジしている。

  インタビュアー 「なぜ野球部に入ったのですか？」
  野球部員A   「ええっ〜と，あの，好きだからです」
  インタビュアー 「あなたは？」
  野球部員B   「私も……」

このようになると，話しは前へ進まない。みんな緊張しているなと思ったら，「わあー，みんな真っ黒に日焼けして，そんなに日焼けしちゃって，ボーイフレンドに嫌われない？」とか，軽い冗談から入ると，どっと笑いが来て，リラックスムードでスムーズに進行する。このようなケースでは，まわりくどい言い方よりは単刀直入に，若者らしくテーマの本質に肉迫する方がよい。インタビューでの雰囲気づくりの大切さがここにみられる。

③ もうひと押し

質問項目を単に消化するだけのインタビューでは，インパクトのある良いインタビューにはならない。

次に学生が社会人になった先輩に対して行なったインタビューの例を見てみよう。イン

Ⅲ章　パブリック・スピーキング　57

タビューのテーマは「求められる新入社員像」である。

　　学生　「入社当時のご自分を振り返って，どうでしょうか。」
　　先輩　「どうでしょうか，と言いますと」
　　学生　「エー，あの簡単な感想と言いますか，ハイ」
　　先輩　「新入社員のころは，私はまったくの落第生だったかもしれませんね。」
　　学生　「落第生（笑う）」
　　先輩　「いい仕事が出来ていたとはいえないでしょうね。」
　　学生　「アーそうですか……（しばし沈黙）」
　　先輩　「ただ，仕事が大変おもしろく，楽しく過ごしていました。」
　　学生　「ハアー，楽しく過ごされたということは，上司にも評判が良かったのでしょうね。」
　　先輩　「それはどうでしょうか。」
　　学生　「（笑いながら）そうですね。それは上司の判断ということで。それでは次の質問です。」

　質問のしかたを変えれば，もっと核心に迫る話しが引き出せたのではないか，ということに気づくだろう。
　まず「先輩に新入社員の頃を振り返って」「印象に残っている仕事内容」を思い出してもらい「その理由と学んだこと」を聞いてから「社会人に必要な条件など」について語ってもらう。という設定であるなら，どのような質問をしていけばよいのかが組み立てられるだろう。
　相手はどのように話してくれるかわからない。こちらの思いどおりにはなかなか答えてはくれないものである。相手のことばの中にキーワードが含まれていることがほとんどであるから，それを見逃さずに，真剣に聞いていると，次の質問が見えてくる。
　相手の答えに対して，「具体的に」あるいは「それはなぜか」という，もう一つの問いが核心へと導いてくれる。

（2）インタビュー中の態度

　筆記具をもてあそんだり，落ち着きなく体を動かしたり，足をゆすったり，目線が定まらないなどは，相手の集中力にも影響する。インタビュー中はしっかり相手の目を見て，誠意をもって，身体全体で話しを聞くことに集中する。
　話しが調子にのってきたら，適切なあいづちを打ち，時には感動や発見を表情で示し，さらに盛り上げていく。

（3）インタビューは一期一会の心で

茶の湯には、「すべての客を一生に一度しか出会いの無いものとして、悔いの無いようにもてなせ」という教えの「一期一会」がある。このことはインタビューにも通じる。

演習 Ⅲ-1 前述の、学生が先輩に行なったインタビュー「求められる新入社員像」について、より充実した内容にするためには、どのような構成がよいか、質問項目を考えてシミュレーションしてみよう。

III章　パブリック・スピーキング　59

演習 III-2　インタビューをしてみよう。

1. 友人に対して，「将来の目標」や，「アルバイトについて」など，各自，テーマを設定し，構成を考えて，みんなの前で実際にインタビューしてみよう。
   テーマ：
   質問項目：

2. テーマを決めて，学内のゼミの先生や，先輩，後輩のところへ出かけて，録音しながら，インタビューをしてみよう。録音したものを教室に持ち帰り，みんなで良い点，悪い点などを話し合ってみよう。
   （　　　　　）さんへのインタビュー

   テーマ
   質問項目

   良い点

   悪い点

2．司　　会

　ひと口に司会といってもさまざまなものがある。公的な大小の集まり，私的な集まり，また，結婚披露宴など慶弔に関するものなど，実に多様である。

　司会は「会」を「司る（つかさど）」と書くが，文字どおり，会の進行を司ること，またそれを担当する人のことである。司会者は「会」をスムーズに進行し，盛り上げたり，いろいろ気を配るが，決して「会」を支配してはいけない。

　「司会者」の立場で，実際に演習してみよう。

（1）集会の種類と司会者の役割

　集会には種々の種類があり，それぞれ目的や内容が異なる。集会の種類を大きく分けると，次のように分類できる。

　　(1) 記念式典，入学式，卒業式，成人式など
　　(2) 会議・討論会・座談会など
　　(3) 結婚披露宴，歓送迎会，忘年会など
　　(4) 学園祭などのイベントやコンサートなど

　それぞれの「会」の性格や内容，どのような参加者か，また人数などによって，会の運び方も違ってくる。

　司会者の役割も，その「会」の性格や内容，規模の大小などによって，それぞれ異なるが，およそ共通的に次のような三つの役割がある。

　① 　進行役である

　司会者は「会」の最初の発言者であり，小規模な会では「開会の宣言」を行なうこともある。そしてその会の目的を明示し，スムーズな進行を行なう。

　② 　聞き役である

　発言者の意見をよく聞く。会議の場合は議長が存在するが，座談会や討論会などでは司会者の役割は大きい。的確な質問をしたり，会を活発に導いたり，混乱が起きたら鎮静したりもする。

　予想しなかった展開になったり，ハプニングが起きた場合でも，あわてることなく，テーマに沿って軌道修正などを行なう。そのためには，神経を集中して耳を傾けていることが大切である。

　③ 　まとめ役である

　どの会にも一段落というのがあり，いくつかの段落がある。司会者は段落ごとに，その

段落のまとめを示して確認しておく。終了時には総まとめを提示する。的確なまとめは出席者を安心させる。

[司会者の準備]

司会者は，その会の性格や内容を把握している人が担当する場合がほとんどであるが，司会をするには周到な準備が必要である。会の主催者と綿密な打ち合わせを行ない，関連する資料や情報を収集し，進行のシナリオを作成し，質問時間なども含めて時間配分も考えておく。

（2） 式典の司会

式典といわれるものには，学校や会社の創立記念式典，入学式，卒業式，成人式，入社式，叙勲祝賀会，落成式，竣工式など，いろいろあるが，いわゆる式典の場合について見てみる。

式典の場合は人数が多く，必ず「式次第」がある。開会のことば，主催者のあいさつ，来賓の祝辞，表彰や賞品の授与，祝電披露，また場合によっては，鏡割りや乾杯などで，趣向を凝らした演出もある。

[準備]

あいさつや祝辞を述べる人の肩書き，名前の読み方の確認をし，人数などをみて時間配分などをチェックしておく。

[開会したら]

式典の司会者は主に進行役である。歯切れよく，会場全体に凛（りん）として響く声で堂々と話す。式典の性格によっては，厳粛に行ったり，和やかな雰囲気をかもすように進めたり，余裕のある司会が望まれる。

[例] 卒業祝賀会の進行表

時間	運営項目	担当	アナウンス内容
15：15	学生・教職員入場		
15：30	開会	司会	ただ今より，平成〇〇年度〇〇大学卒業祝賀会を開会いたします。 本日，司会を務めさせていただきますのは，１年生で卒業祝賀会実行委員会副委員長，山田恵子です。よろしくお願いいたします。
15：32	学長挨拶 花束贈呈	司会 学長 司会	それでははじめに〇〇大学学長，大北周五郎先生よりお祝いのお言葉を頂戴したいと存じます。 ―学長挨拶― ありがとうございました。ここで学長先生に卒業生から感謝の心をこめて花束の贈呈をさせていただきます。 ―卒業生代表→学長へ―
15：40	乾杯	 副学長	それでは乾杯に移らせていただきます。みなさまグラスをお持ち下さい。乾杯のご発声は副学長，野田健一郎先生にお願いいたします。 ―乾杯―
15：45	祝宴 スライド上映	司会 司会	ありがとうございました。それではごゆっくりご会食，ご歓談ください。 ―歓談― お楽しみのところ失礼いたします。ただ今から皆様の２年間の学生生活をスライドにまとめたものをご覧下さい。なお，会場が少し暗くなりますのでご注意くださいませ。 ―スライド―
16：45	卒業生挨拶	司会 鈴木	そろそろお開きの時間になりました。ここで卒業生を代表して，鈴木由美子さんに一言ご挨拶を頂きます。 ―ひと言挨拶―
16：50	閉会	司会	ありがとうございました。 名残り惜しいのですが，以上で，卒業祝賀会をお開きにさせていただきます。ご卒業本当におめでとうございます。社会に出られましても大学生活の経験を糧にご活躍ください。先輩方のご健闘を心からお祈りしております。

（3）会議の司会

　よほど小さな会議でないかぎり，会議には議長がいる。会議における司会者は，議長が決まるまで，また議事の進行，議事終了後と，司会者は適切にリードしていく。

［準備］

　司会者は，会議のテーマなどについてしっかりと把握しておかなければならない。そのための事前準備は大切である。会議資料に目を通しておくことはもちろん，和やかな会になるか，緊迫した会議になるのかの予測も必要である。予測される意見と流れなども考慮しておく。

　司会者はさまざまな意見の中で，ひとつの方向へ導いていくのが役目である。会議場の視聴覚用設備の有無，時間，マイクの本数などのチェックも確認しておく。

［会議中］

　会議は基本的に自由な発言の場である。出席者ができるだけ公平に発言できるような雰囲気づくりに心がける。発言者が偏ってしまったり，強硬に自説を主張して方向をあいまいにしたりするときには，他の意見を求めたりして，公平な会議の進行をめざす。

［会議の流れと司会者の対応］

1. 開会　　　　　　　　　「会議を開きます」
2. 議題の説明　　　　　　「議題は〜です」
3. 問題点の洗い出し　　　「ご意見をお願いします」
4. 対立点の明確化　　　　「ご意見を確認します」
5. 別の視点の提案　　　　「別のご意見をどうぞ」
6. 妥協点探し　　　　　　「一致点は〜です」
7. 結論へ導く　　　　　　「ご意見をまとめます」
8. 閉会　　　　　　　　　「会議を終わります」

［司会者に望まれる能力と資質］

○的確な判断力，聴く能力，スピーディな処理能力，適切な質問能力，幅広い知識
○公平性，調整力と指導力，積極性，まとめの能力など

演習 Ⅲ-3　会議進行の司会者として次のことを考えてみよう。

1. 会議をスムーズに進めるために，司会者として，事前にどのようなことに気をつければよいか考えてみよう。

2. 議論が途中でこじれたら，司会者はどのように対処すればよいか考えてみよう。

3. クラスで，議題を決めて話し会いを行ない，その司会を体験してみよう。

（4）イベントなどでの司会

　学園祭などの催しの司会や，コンサート，発表会，パーティーなど，さまざまなイベントがあり，必ず進行役の司会者がいる。このようなイベントでは，なごやかな雰囲気をつくることが司会者の役目である。
　ただ，なごやかな雰囲気をつくることを勘違いして，笑いを誘うことに専念して失敗したり，司会者と少数の人たちだけで面白がって舞い上がって，まわりがシラケているような会があるが，これは，司会者の配慮の無さである。気をつけなければならない。

［準備］

　いずれの催しでも，主催者との打ち合わせは大切で，内容や演出・進行，参加者の年齢層や性格，また，ゲストの氏名や特徴などを把握してシナリオを作成しておく。

Ⅲ章　パブリック・スピーキング

[イベントが始まったら]

　舞台では自信と余裕をもって振る舞うことである。キリッとした正しい姿勢で，目は客席全体に気を配る。

　盛り上げるような話題は事前に準備しておくが，会場内の雰囲気を見ながら今日的な話題を折り込み，注意をひきつける。舞台でのおしゃべりは，「間(ま)」が大切である。間のとり方が悪いと，せっかく気のきいたことを言っても無駄に終わってしまう。出演者やゲストの紹介はインタビューの技術を効果的に応用しよう。そして最後まで楽しんでもらえるような気配りが大切である。

演習 Ⅲ-4　イベントにおける司会者の役割とはなにか，考えてみよう。

演習 Ⅲ-5 あなたの大学での学園祭を参考にしながら、オープニングの司会をしてみよう。ステージでは、チアリーダー部のデモンストレーションとバンド演奏が行なわれる。メインはゲストに招いたプロの○○○のコンサートである。グループで話し合ってどんな進行がよいかシナリオを作って演じてみよう。

○○○○祭　オープニング　進行台本

時間	ステージ	担当者	進行内容（アナウンス内容）

3．テーブルスピーチ

　「ちょっとご挨拶を」とか「何か一言」など，結婚披露宴をはじめ，歓送迎会，祝賀会，パーティーなどでスピーチやトークを要請されることがよくある。
　このような会食などの席上で行なう簡単なトークを「テーブルスピーチ」と呼ぶ。これは和製英語である。
　テーブルスピーチは，ユーモアやウイットに富んだ内容を，短く簡潔に話すのがポイントである。
　昔から「スピーチは3分以内」と言われてきたが，生活スピードがどんどん速くなっている現代では，もっと短く，2分以内で簡潔にまとめると印象的であろう。
　たとえば，ニュースは1項目が1分くらいである。交通事故のニュースだと，いつ，どこで，だれが，どんな事故を起こして，その原因は何だと考えられる，という5W1Hがすべて入る時間なのである。
　1分間のニュースは400字弱，スピーチだと，感情が入るのでやや少なめの300字程度が，聴き取りやすいスピードであるといわれている。
　3分間という時間は，ひとつの話題について，事実の説明，問題点，背景や影響，見通しまで掘り下げた「内容」を伝えることのできる時間といわれている。
　テーブルスピーチの基本タイムといわれる3分または2分間を有効に使って，効果的な話しができるように訓練しておこう。

[準備]

　事前にスピーチを依頼されていれば，それなりの準備をしておくが，テーブルスピーチではその場で突然ということが多い。とっさの場合に備えて，「会」の性格や，どのような出席者かなどは把握しておきたい。

[スピーチの注意点]

① 抽象的な一般論は避け，身近な話題を心がける。
② テーマはひとつに絞り込む。
③ 自分が経験，体験したことを具体的に話すと熱もはいる。
④ 日常の生活や趣味，自分の信念や心情などを話す。「こんなことがありました」というだけでなく，自分の気持ちや思いを盛り込むとインパクトがある。

[スピーチで]

　順番が回って，指名されて立ち上がった瞬間に，頭の中が真っ白になって，ことばが出てこない，という経験は誰にでもある。「あがる」という現象である。
　「あがり」防止には次のような方法がよいと言われている。
　　① 手のひらに「人」という字を書いて飲み込むまねをする
　　② 会場の人をかぼちゃと思え
　　③ コップの水を一杯飲む
　　④ 大きく深呼吸をする
　　⑤ 誰かに肩をポンと軽く叩いてもらう
　　⑥ 一番の防止策は，完璧な事前準備と，何度も練習やリハーサルをして
　　　自信をもってスピーチすることである。
　見た目には，落ち着いて，堂々としているように見える人でも，大なり小なり，あがっているのであるから，あまり気にしないことである。話し始めの30秒がうまくいけば，あとは，落ち着いてくる。話し始めは，とにかく「ゆっくり」を心がけよう。

[記憶に残るスピーチを]

　「目は口ほどにものを言う」という言葉があるように，アイコンタクトやボディランゲージもスピーチを成功させる重要な要素である。
　特に，**目に説得力をもつ**ことである。これは聴衆が何人いても同じである。聴いている人の反応を見ながら余裕をもってスピーチしよう。
　会場内がざわついていたり，退屈そうにしているのに，いつまでもしゃべり続けるなどはよくない。

演習 Ⅲ-6　テーブルスピーチについて次のことを考えてみよう。

1．評判のよくないスピーチといわれるものには，どんなものがあるか考えてみよう。

2．あなたの好きなこと，嫌いなことなどについて，筋道を立てて話す練習をしてみよう。
　　たとえば「音楽」の場合，「私は音楽が好きです」と言い切った後に〈どんなジャンルの音楽が好きか〉〈それはなぜか〉〈それで〉〈だから〉という具合に疑問に答えていく形で話しの筋道を立てながら1分間でまとめてみよう。

　　　私は　　　　　　が好きです。

　　　私は　　　　　　が嫌いです。

IV章 ゼミ発表

ゼミ発表を成功させる効果的なプレゼンテーション

　ゼミ（ゼミナール）は，大学で，先生の指導の下で，テーマごとに，学生が個人や共同で研究や調査を行うことである。そして，その成果を先生とゼミ研究室の仲間の前で発表する。この章では，ゼミ発表をするプレゼンテーションの効果的な方法を学ぶ。

1．ゼミ発表を成功させよう

（1）ゼミ発表について

　ゼミ発表は，テーマについて研究し，それをまとめ，発表（プレゼンテーション）するのであるが，まず関係の専門書を読む（テーマによっては，フィールドワークも行なう）ことはもちろんのこと，新聞やその他に掲載されている雑誌等の関連記事などをクリッピングしたり，そのテーマについての先生の指導や意見，ゼミメンバーの意見などを聞き，よく話し合って十分に理解しておくことも大切な準備である。

　研究した発表の内容を，原稿用紙にまとめてみる。最初は，研究や調査したことの伝えたいポイントを思いつくままに書き並べていくと，構成のレイアウトが浮かんでくる。これを整理して，話したい部分を少しずつ濃いものにしながら，必要なツールや資料を作成し，発表の練習に入るのである。

　ゼミ発表などの改まった場では，緊張してあがってしまい，人前で話すのがとても苦手という人もいる。しかしそれは，人前で話すことに慣れていないだけの場合が多い。しっかり準備をした上で，失敗を恐れずに，積極的に話すことである。

　発表の前に，時間内にスピーチできるように発表原稿をまとめるのだが，大切なことは，みんなにわかってもらうための努力を惜しまないことである。

　次に，まとめたものを，時間を計りながら幾度も練習をくり返して，修正すべき点は何度でも修正し，発表本番では，研究したものを的確に伝えられるようにすることである。自分の研究や意見をみんなに理解されたという喜びは何物にも換えがたい。研究していろいろなことを知り得た上に，大きな達成感をも得て，それは確実に自信につながる。

（2）ゼミ発表・プレゼンテーションの前提として

より良いゼミ発表を行なうために，いつ・どこで・だれに・何を・どのように，話すのかをプレゼンテーションの3Pを通して確認しておこう。

ゼミ発表・プレゼンテーションの前提としての3P

People／Profile （聞き手）	ゼミクラスの人数は，2，3人から30人と幅があるが，聞き手は顔見知りで，あまり緊張感はない。ゼミなので，テーマが具体的であり，コンセプトが絞りやすい。またテーマに関する聞き手の興味，専門的知識レベルもほぼ同じである場合が多いという，プレゼンテーションが行ないやすい前提がそろっている。 この場合，キーパーソンはやはり，先生であろう。ゼミメンバーにわかりやすくプレゼンテーションを行なうのはもちろんであるが，先生に自分の研究成果をしっかり伝えなければならない。
Purpose （目的）	研究の成果を，指導の先生とゼミのメンバーに伝え，理解してもらうことを目的とする。 また，聞き手が共有する知識，意識，感情などをより強化して，メンバー全体にフィードバックすることも目的の一つであろう。
Place （場所）	場所は，ゼミのクラスで発表を行なうことが多い。いつもの教室なので，緊張することも少ないというメリットがある。 しかし，話し手が立って話す位置，窓を背にして日が強く差し込む場合などには，ブラインドで調節しておくなど，聞き手の関心を集めやすい環境を用意しておく必要がある。 ビデオやOHPなどのツールを使う場合には，機器類の調子を調べておく。

（3）ゼミ発表のプレゼンテーション・プラン

ゼミ発表では，次の5点を押さえる。
　　① なぜ，このテーマを選んだのか
　　② テーマの概要
　　③ テーマについてどう考えるのか
　　④ どの部分を強調したいのか
　　⑤ 今後の課題について，形式を整えて発表する

ここでは，導入 → 展開 → 結び，の三段階構成で内容構成をする。

［導入］……話の方向づけ
「みなさんおはようございます。三上です。きょうは○○について発表したいと思います。」と話し始めるのが一般的であるが，本題と関係のないような話しから始めて，聞き手の興味を引きながら話しの核心に迫っていく出だしも効果がある。聞き手をひきつけるカギは話し始めにある，誰もが「どんな内容か」と関心をもって耳を傾けている時点で，いかに相手の心をつかむかが重要なポイントである。
　たとえば，「きょうはとても風が冷たく感じます。わたしはこの間から喉が痛く，いつもの美声でプレゼンできないのが残念です。…」とスタートするのもおもしろい。
　しかし限られた時間内での発表であるから，「今日は，○○の○○についてお話します。」と，取り上げるテーマについて話題を示してから，大きなテーマの中のどの問題を取り上げようとしているのかをはっきりさせる。

［展開］……現状を話し，分析して解決策を示す
　ここでは，［導入］でみんなに示したテーマについて，「そうか，なるほど」と思わせなくてはならない。プレゼンテーションを行なう目的である「結論としての主張」，つまり「何を言いたいのか」と，その主張を支える根拠を，なるべく具体的な例を挙げながら説明していく。抽象的な根拠ではわかりにくい。ここで特に注意しなければならないことは，主観的な感想に終始しないことである。ここでは，客観的な事実が求められる。
　このとき，OHP，OHCや，ポスター，ビデオなどのツールを適切に使い，よくわかるように工夫し，十分に伝えることである。

つなぎことばをうまく使うと，話しのつながりが明確になり，わかりやすくなる。[1]

　　　　　　　つなぎことばの使い方
　　1．○○○○○について
　　　　　↓
　　　つまり（例えば，こんなことです）
　　　　○○○○○○○○○
　　　　　↓
　　　次に（さて，また）
　　　　○○○○○○○○○
　　　　　↓
　　　最後に（そして）
　　　　○○○○○○○○○

　　　　　　次にお話しする点は……

　　2．○○○○○について
　　　　　↓
　　　というのは（これと比較して，これと違って，）
　　　　○○○○○○○○○
　　　　　↓
　　　いわゆる（こんなことです）
　　　　○○○○○○○○○
　　　　　↓
　　　よって（さっき申しあげたことですが）

［結び］……話のまとめ

　導入，展開と進めてきたプレゼンテーションの最後の締めくくりである。「終わりよければすべて良し」と言われるように，最後をしっかりまとめる。これまでの内容を要約し，結論を述べなければならない。自分が主張したいこと，一番言いたかったこと，を繰り返して，全体をまとめて確認しておくことが結びの役割である。そして，質疑応答の時間も考えながら，最後に，プレゼンテーションの機会に感謝のことばを述べて終わる。

　最後の締めくくりのことばを述べる直前に，間を取り，聞き手が「なにかな……」と発表者に注目したときに，締めくくりのことばを話し始めると，聞き手の印象に残る効果的なプレゼンテーションの結びとなるだろう。

　たとえば，「みなさん，今日の発表のご感想はいかがですか。ジェンダーは社会的に作られたものなので，変えていくことができるということを最後に申し添えて，終わります。」と締めくくる，など。

1）　福永弘之『プレゼンテーション概論および演習』樹村房　2001　p.54。

a. ゼミ発表での質問

発表後の質問には，わからなかった点を明らかにする質問，考えを再確認する質問，肯定的な質問，否定的な質問などがあり，その中には，好意的なもの，否定的なもの，単に自分の考えを述べたものなどがある。そのときどきの回答の仕方を考えておかなければならない。その心がまえは次のようにまとめられる。[1)]

① 全員に向かって答える
② 知らないことは知らないという
③ 質問者をやりこめない
④ 冷静さを保つ
⑤ 簡潔に答える
⑥ 長い説明が必要な質問に対しては，別に答える
⑦ 残りの時間を忘れない

> 正確……言葉が正しく使われ，文が正確に組み立てられている，筋道が通った話し方，聞き取りやすい発音やテンポ（間のとりかた）

> 誠意……話し手の真剣さや誠実さ，心がこもっていないと聞き手の心を捉えることができない

> 適切……聞き手が話しの内容を的確に理解する手助けになるような形容や例示を工夫する

効果的なプレゼンテーション

---

1) 福永：前掲書 p.60〜63。

b. 資料の作成

　発表の仕方にもいろいろあるが，視覚資料を用いた方が，聞き手に理解してもらいやすい場合がある。その理由として，次のことがある。

　① 聞き手の注意・興味をひきつけるため
　② ことばによるメッセージの補助として
　③ ことばでは説明しにくいことを図示するため
　　○数値や数量の比較などはグラフ化するとよい
　　○難しいことは図解する

［KISS の法則］

　アメリカでは，"Keep It Simple and Short" という KISS の法則がある。
　図表で示すときには，単純化（Simple）し，短く（Short）しようというものである。
　次の例でわかるように，情報量は少ない方がより伝わりやすいのである。

視覚化の良くない例

製品ＸＹＺの年間売上げ

	総出荷量(個)	返品(個)	売上金額(円)	昨年比
1月	354,277	1,345	2,462,600	+25%
2月	264,523	1,298	2,245,320	+14%
3月	395,462	1,284	2,566,433	+14%
4月	298,552	1,554	1,965,521	+ 2%
5月	555,341	1,338	4,025,263	+13%
6月	763,261	2,296	5,321,622	+24%
7月	421,326	3,355	3,263,511	+ 5%
8月	533,321	2,401	3,963,422	+17%
9月	411,156	1,332	3,021,433	+14%
10月	322,438	1,399	2,966,327	+14%
11月	399,298	1,288	3,112,378	+ 8%
12月	411,149	2,432	3,342,656	+12%
合計	5,130,104	21,322	38,256,486	+16%

視覚化の良い例

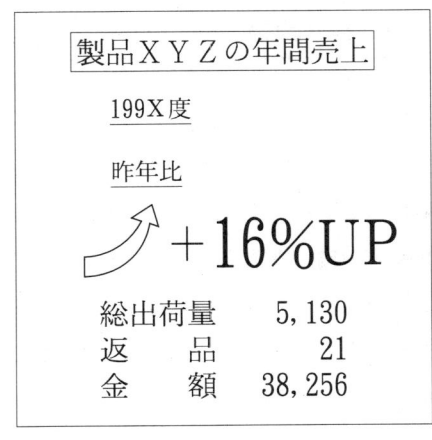

製品ＸＹＺの年間売上
199X度
昨年比
+16%UP
総出荷量　5,130
返　品　　　21
金　額　38,256

箱田忠昭『成功するプレゼンテーション』日本経済新聞社　1991　p.70～77。

　視覚資料には次のような利点もある。
　① 結論に導きやすい
　② コンセンサスが得やすくなる
　③ 発表者に対する評価が高まる
　④ 聞き手に参加意識が高まる

2. ゼミ発表例と，そのプレゼンテーションの検討

　ここでは，ゼミ発表例二つについて検討する。その１．基礎ゼミ，その２．卒研ゼミの発表例である。それぞれの発表については，内容についての検討ではなく，発表方法やプレゼンテーション技術，使用したツールなどについて具体的に検討し，より効果的なゼミ発表をめざすようになっている。

その１．基礎ゼミの発表例

　テーマ：　「キャラクターの魅力と役割をさぐる」
　設定条件：発表時間……３分間（およそ900字）
　　　　　　参加学生25名，担当教員１名
　　　　　　場所……ゼミ教室にて（資料提示機(OHC)，マイク設置）
　　　　　　提示資料……なし
　［１回目の発表例］

［導入］
　江口美彩子です。よろしくお願いいたします。
　私たちの身の回りには，ことばを用いなくてもコミュニケーションを交わす相手がおり，それは犬や猫，小鳥などのペットをはじめ，かわいいキャラクターです。 ①
　この研究では，沢山のキャラクターの中から，年齢を問わず愛され続けている「ミッキーマウス」と「スヌーピー」を取り上げて，その魅力と役割について若者の視点からその一端を明らかにしたいと考えました。

［展開］
　ミッキーマウスはウォルト・ディズニーによって，1929年に誕生しました。それ以来，ミッキーは世界中の子供や大人にまで愛され続けているのです。
　ウォルト・ディズニーは，世界初のテクニカラー・アニメーション映画「白雪姫」や「ダンボ」など，心温まる名作映画を数多く製作しており，とくにディズニーランドの生みの親として有名です。
　私は幼稚園のころからミッキーマウスの縫いぐるみと一緒に過ごし，母が仕事から帰ってくるまでの長い間，ミッキーは私のお母さん役，友達役としてかけがえのない存在でした。

スヌーピーはチャールズ・シュルツによって，1950年，コミック漫画『ピーナツ』のキャラクターとして登場し，スヌーピーの，眠そうで，のほほんとしている顔の表情に人気があり，子供から大人にまでアイドルとして親しまれていますが，とくにこの漫画では，スヌーピーや仲間たちの何気ないセリフによって，人間の喜びや悲しみ，愛や友情などについて興味深く取り上げられ，大人の漫画として世界中で愛読されました。私は中学時代に『ピーナツ』を読みはじめ，犬なのに立って歩く愛らしいスヌーピーにハマってしまい，漫画の中のスヌーピーからは，「周りに振り回されず，自分らしく生きなさい」，「いつまでも悩むな，自分のよさを認めなさい」と励まされてきたのです。

　私たちは，なぜキャラクターに魅力を感じるのでしょうか。ここでアンケート調査の結果を一部ご紹介します。対象は，中学，高校，大学生の男・女各50人，合計100人です。このうち，キャラクターに関心があると答えた88人，およそ90％に対し，「なぜキャラクターが好きなのか」を尋ねたところ，「可愛いから」が42％，「心が和む」21％，「癒される」15％，「励まされる」9％，「孤独を感じない」8％，「その他」5％，となっています。また，「好きなキャラクターは？」と尋ねた結果は，1位がスヌーピー，2位 熊のプーさん，3位 ミッキーマウスとなっています。

　次に，実態調査をかねて，ミッキーマウスの魅力を体験するために「東京ディズニーランド」に出かけた。このおとぎの国では，大人も子供もミッキーたちに夢中になって楽しんでおり，キャラクターがこんなにも身近な存在であることを実感させられた。

［結び］
　このように，キャラクターは，ことばを交わさなくても，その愛らしい顔や姿が私たちを和ませ，楽しませ，ときには，慰め，励ましてくれるなど，大きな役割を果たしていることがわかり，この役割こそが，若者をひきつけるキャラクターの魅力ではないかと改めて認識することができました。

　以上です。有難うございました。

［ポイント］
○制限時間を10秒ほどオーバー。
　①②⑦　センテンスが長い。なるべく短く言い切るようにする。
　③　仲間ことばやくだけたことばを避け，改まったことばづかいにする。
　④　「キャラクターの魅力」についてのアンケート結果は，円グラフなどにまとめ，OHCを使って視覚化すると理解しやすい。
　⑤⑥　話しことばの「です・ます」にする。

78　第2部　実践編

演習 Ⅳ-1　次のことばを話しながら，ジェスチャーやアイコンタクトの練習をしてみよう。

①「あなたの好きなキャラクターはなんですか？」（やさしく尋ねる姿勢でアイコンタクト）
②「キャラクターの魅力は，何といっても，かわいくて心をなごませてくれるところです。」
③「1位はスヌーピー，2位は熊のプーさん，3位はミッキーマウスとなっています。」
④「ミッキーマウスとスヌーピーの共通の魅力は何でしょう？　実は，大きな耳と大きな鼻，それにお腹が出ているところだと言われています。」
⑤「ディズニーランドで，ミッキーと一緒に写真をとりました！」（笑顔のジェスチャー）。

［改善例］

提示資料を作成する
　資料1．スヌーピーとミッキーマウスの絵（自分の描いたもの）
　資料2．アンケート結果の円グラフ

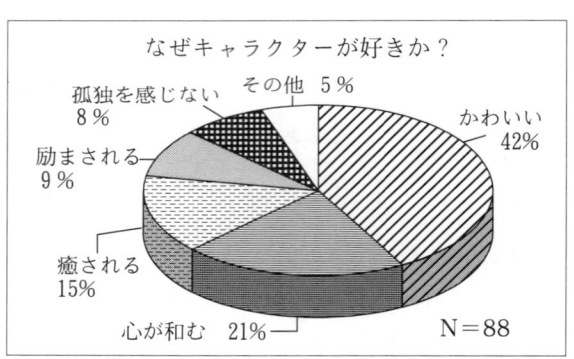

演習 Ⅳ-2　［改善例］を使い，次の設定でゼミ発表の練習をしてみよう。

　　○発表時間：　3分間
　　○ツール：　　資料提示機(OHC)，資料1，2を使用
　　○場所：　　　ゼミ教室，参加者は学生25名，教員1名

　江口美彩子です。よろしくお願いいたします。
　私たちの身の回りには，ことばを用いなくてもコミュニケーションを交わす相手がいます。それは犬や猫，小鳥などのペットをはじめ，かわいいキャラクターです。
　この研究では，沢山のキャラクターの中から，年齢を問わず愛され続けている「ミッキーマ

ウス」と「スヌーピー」を取り上げて、その魅力と役割について、若者の視点からその一端を明らかにしたいと考えました。

　——OHCを用いて、画面に資料1「ミッキーとスヌーピーの絵」を投影する——

　ミッキーマウスはウォルト・ディズニーによって、1929年に誕生しました。
　それ以来ミッキーは世界中の子供や大人にまで愛され続けているのです。
　ウォルト・ディズニーは、世界初のテクニカラー・アニメーション映画「白雪姫」や「ダンボ」など、心温まる名作映画の製作者としても知られていますが、とくに、ディズニーランドの生みの親として有名です。
　私は幼稚園のころからミッキーマウスの縫いぐるみと一緒に過ごし、母が仕事から帰ってくるまで、ミッキーは私のお母さん役、友達役としてかけがえのない存在でした。
　スヌーピーはチャールズ・シュルツによって、1950年、コミック漫画『ピーナツ』のキャラクターとして登場しました。スヌーピーは、眠そうな、のほほんとしている顔の表情に人気があり、子供から大人にまでアイドルとして親しまれています。とくにこの漫画では、スヌーピーやその仲間たちの何気ないセリフによって、人間の喜びや悲しみ、愛や友情などが興味深く取り上げられ、大人の漫画として世界中で愛読されました。私は中学時代に『ピーナツ』を読みはじめ、犬なのに立って歩く愛らしいスヌーピーに夢中になり、漫画の中のスヌーピーからは、「周りに振り回されず、自分らしく生きなさい」、「いつまでも悩むな、自分のよさを認めなさい」と励まされてきたのです。
　私たちは、なぜキャラクターに魅力を感じるのでしょうか。ここでアンケート調査の結果を一部ご紹介します。対象は、中学、高校、大学生の男・女各50人、合計100人です。このうち、キャラクターに関心があると答えた88人、およそ90％に対し、「なぜキャラクターが好きか」を尋ねたところ、次のような結果になりました。

　——ここで、資料2、アンケートのデータ＜円グラフ＞を投影し説明する——

　ご覧のように、「可愛いから」が42％、「心が和む」21％、ついで「癒される」、「励まされる」「孤独を感じない」という順になっています。また、「好きなキャラクターは？」と尋ねた結果、1位がスヌーピー、2位 熊のプーさん、3位 ミッキーマウスとなっています。
　次に、実態調査として、ミッキーマウスの魅力を体験するために「東京ディズニーランド」に出かけました。
　このおとぎの国では、大人も子供もミッキーたちに夢中になって楽しんでおり、キャラクターがこんなにも身近な存在であることを実感することができました。

> このように，ミッキーマウスやスヌーピーなどのキャラクターは，ことばを交わさなくても，その愛らしい顔や姿が人々の心を和ませ，楽しませ，時には，慰め，励ましてくれるなど，大きな役割を果たしていることがわかりました。この役割こそが，若者をひきつけるキャラクターの魅力ではないかと改めて認識することができました。
>
> 以上です。有難うございました。

（A. J. ツワルスキー著，小関康之訳
『いいことから始めよう』新潮社　p.234より）

> **コラム**
>
> ### "PPDのわな"に陥るな！
>
> PPDとはPost-presentation Depressionの頭字語で，「発表後の落ち込み」のことである。
> 　私たちは，口頭発表の後など，特に「あそこがうまくできなかった」「こうすればよかったか」など悩むことが多い。きちんとできて当たり前，できなかったことばかり気に病む ― 発表にまだ十分慣れていない人 ― が陥るこの現象が，PPDの正体なのである。
> 　どのようにして発表技法を上達させるか，ということを考えれば，後ろ向きの反省でしかないPPDのわなにはまっている暇はないのである。
> 　自分の発表でどこがよかったと思うか？　まずこのことを思い出して自己評価をしてみよう。野球にたとえるなら，5打数1安打2三振なら，その2三振のことではなく，まずヒットの手ごたえを思い出すことである。我ながらよく調べたとか，時間をキチンと守れたとか，自分のよい面を評価するのである。そうすれば，次回も必ずよい面を再現できるはずである。
> 　その後で，ではどこが足りなかったのかと，自分に問いかけてみる。PPDでは過大視しがちな自分の欠点が，今度は客観的な姿で見えてくるはずである。うまくいかなかった原因を筋道を立てて考えてみよう。きっと悔しさがこみ上げてくるだろう。自分自身が惨めだと思う気持ちだけからは，発展は生まれないが，悔しさは次への活力となる。

小林康夫ほか編『知の技法』東京大学出版会，1994より抜粋。

その2　卒研ゼミの発表例

　ここに取り上げた例は，実際に行なわれたゼミ発表であるが，この例をベースに，演習してみよう。

　　テーマ：　「性別役割意識」
　　設定条件：発表時間：　　3分間
　　　　　　　参加学生25名，担当教員1名
　　　　　　　場所：　ゼミ教室（資料提示機 OHC，OHP 設置）
　　　　　　　設備：　OHP，資料提示機（OHC），ボード，マイクなど

1．研究した内容の概要を構成する

演習 Ⅳ-3　　ここに参考例をあげるので，枠内に自分のテーマで3分間の原稿を書いてみよう。

［導入］

　中山恵美です。
　「性別役割意識」についての中間発表です。
　私のテーマは，まず，「性別役割」とはどういうものであるか。次に，性別役割意識がどのようにつくられていくか，そしてこの問題をまとめていきたいと考えています。

```
┌─────────────────────────────────┐
│                                 │
│                                 │
│                                 │
│                                 │
│                                 │
└─────────────────────────────────┘
```

［展開］

　性別役割分担とは，男，女により割り当てられた役割行動を指します。
　まず，男女の生物学上の性差があります。「男らしさ・女らしさ」「男だから・女だから」「男はこうあるべき・女はこうあるべき」とよく言われるジェンダーについて考えたいと思います。

日本では，男は強くて力仕事，女は繊細で手作業という考えがあります。

これでいいのでしょうか。

マーガレット・ミードは，ニューギニアの三つの地域で男女を調べました。一つ目のアランペシュ族では，男女共に優しい気質という結果でした。

二つ目のムント・クモル族では，女性の多くは攻撃的な気質だったそうです。

三つ目のチャブリ族では，男性は繊細で，臆病な気質が多く，絵や彫刻を好み，女性は頑強で，漁をして稼いでいます。

「男の子でしょ」「男の子は泣かないの」などのジェンダーの例は，社会的・歴史的な決まりや約束ごとである役割をそのまま受け取ってしまっています。

[結び]

性別役割分担意識も時代の流れと共に変化し，女性の社会進出や男性の家事参加もかなり見られるようになりました。

生き方が，性別役割に制約されずに，それぞれの個性と能力を生かして，自分の人生を選んでいけるような「ジェンダーフリー」の社会を目指していきたいと思います。

Ⅳ章　ゼミ発表　83

2．先にまとめた構成の概要を基に，実際に行なうプレゼンテーションの原稿を書いてみる。（まだ完成原稿ではない）読み直して添削する。

中山恵美です。

今日は，ゼミの中間発表をします。「性別役割意識」についての中間発表です。
　　　　　　①　　　　　　　　　　　　　　　　　　　　　②

私のテーマは，まず，「性別役割」とはどういうものであるか。次に，性別役割意識がどのようにつくられていくか，そしてこの問題をまとめていきたいと考えています。
　　　　　　　　　　　　　　　③　　④

でも今はまだ，性別役割分担についての概要と，どのようにつくられてきたかという歴史的な背景を少し調べかけたところですのでみなさんのご意見をうかがって，これからの研究⑤
の参考にさせていただくつもりですので，どうぞよろしくおねがいいたします。

まず初めに，性別役割について説明します。

性別役割分担とは，男，女により割り当てられた役割行動を指します。
　　　　　　　　　　⑥

まず，男女の生物学上の性差があります。そして，人間の社会や文化によってつくられた性
　　　　　　⑦
のあり方をジェンダーと呼んでいます。「男らしさ・女らしさ」「男だから・女だから」「男はこうあるべき・女はこうあるべき」とよく言われるものです。ここでは，このジェンダーについて考えたいと思います。

日本では，男は強くて力仕事，女は繊細で手作業，という考えがあります。
　　　　　　　　　　　　　　　　　　　　⑧

これでいいのでしょうか。
　　　　　⑨

マーガレット・ミードは，ニューギニアの三つの地域で男女を調べました。一つ目のアランペシュ族では，男女共に優しい気質という結果でした。

二つ目のムント・クモル族では，女性の多くは攻撃的な気質だったそうです。

三つ目のチャブリ族では，男性は繊細で，臆病な気質が多く，絵や彫刻を好み，女性は頑強で，漁をして稼いでいます。

このことから，その地域社会や文化によって男・女の役割がちがってくるということがわかります。

お配りした資料に，男女の国際比較した図があります。ご覧下さい。
　　　　　　　　　　⑩

日本でのジェンダーの例としては，「男は仕事・女は家庭」の他に，クラブのマネジャーは
　　　　　　　　　　　　　　　　⑪
女子，キャンプでは，男子は火を使う仕事，女子はお米をといだり，肉や野菜を切る水周りの仕事，男の子が転んで泣いていると，「男の子でしょ」「男の子は泣かないの」などです。このように社会的・歴史的な決まりや約束ごとである役割を「自然」として受け取ってしまうのです。ジェンダーもこのように「自然」と受け取ってしまう役割の一つではないでしょうか。とりわけ，男であるとか，女であるとかということは，何かの行動や根拠の説明をするときに，

84　第2部　実践編

> それ以上「どうして」と問い返すことのできない最終的な答え，つまり，「自然」として人々に捉えられていることが多いのですね。
> 　性別役割意識は，時代と共に変わっていくものから，変わりにくいものまでさまざまです。性別役割分担意識も時代の流れと共に変化し，女性の社会進出や男性の家事参加もかなり見られるようになりました。
> 　生き方が，性別役割に制約されずに，それぞれの個性と能力を生かして，自分の人生を選んでいけるような「ジェンダーフリー」の社会を目指していくために，まず，日常生活においての固定的な性別役割分担に気づき，その役割分担意識がどのように形成されていくのか，また形成されてきたのかについて，もう少し深く考察した上で，今後どのような取り組みが必要であるのかについてまとめていきたいと思います。
> 　私の発表について，みなさんのご意見を聞かせてください。
> 　今日はどうもありがとうございました。

［ポイント］

①②　同じことばの重複はできるだけ用いない
③　適切な表現に
④　正確にする
⑤　話すときのセンテンスは短く区切る
⑥　表現を適切に
⑦　具体的に
⑧　例がもう一つあるとよい
⑨　適切な表現に
⑩　何の比較かを正確に
⑪　強調語を考える

3．さらに推敲して原稿を完成する。

［完成原稿］

> 　中山恵美です。
> 　今日は，女性問題の中で，私が一番興味を持った「性別役割意識」についての中間発表をさせていただきます。
> 　私の研究テーマは，まず，「性別役割」とはどういうものであるのか。次に，性別役割意識がどのようにつくられていくのか，最後にこの問題の課題についてまとめていきたいと考えています。

でも今はまだ，性別役割分担についての概要と，どのようにつくられてきたかという歴史的な背景を少し調べかけたところです。後で，みなさんのご意見をうかがって，これからの研究の参考にさせていただくつもりです。どうぞよろしくおねがいいたします。
　まず始めに，性別役割について説明したいと思います。
　性別役割分担とは，男，女という性別により割り当てられた役割行動を指します。
　まず，男女の生物学上の性差である，妊娠させる男性の性，生理，妊娠・出産，授乳という女性の性のあり方があります。次に，人間の社会や文化によってつくられた性のあり方をジェンダーと呼んでいます。「男らしさ・女らしさ」「男だから・女だから」「男はこうあるべき・女はこうあるべき」とよく言われるものです。ここでは，このジェンダーについて考えたいと思います。
　日本では，「男は強くて力仕事，女は繊細で手作業」「男は仕事・女は家庭」という考えがあります。
　これは正しいのでしょうか。
　アメリカのマーガレット・ミードという文化人類学者は，ニューギニアの三つの地域で男女の特性を調べました。一つ目のアランペシュ族では，男女共に優しい気質という結果でした。
　二つ目のムント・クモル族では，女性の多くは攻撃的な気質だったそうです。
　三つ目のチャブリ族では，男性は繊細で，臆病な気質が多く，絵や彫刻を好み，女性は頑強で，漁をして稼いでいます。
　このことから，その地域社会や文化によって男・女の役割がちがってくるということがわかります。
　お配りした資料に，「男は仕事・女は家庭」の考え方の国際比較があります。ご覧下さい。
　日本でのジェンダーの例としては，代表的な「男は仕事・女は家庭」の他に，クラブのマネジャーは女子，キャンプでは，男子は火を使う仕事，女子はお米をといだり，肉や野菜を切る水周りの仕事，男の子が転んで泣いていると，「男の子でしょ」「男の子は泣かないの」などです。このように社会的・歴史的な決まりや約束ごとである役割を「自然」として受け取ってしまっているのです。ジェンダーもこのように「自然」と受け取ってしまう役割の一つではないでしょうか。とりわけ，男であるとか，女であるとかということは，何かの行動や根拠の説明をするときに，それ以上「どうして」と問い返すことのできない最終的な答え，つまり，「自然」として人々に捉えられていることが多いのですね。
　性別役割意識は，時代と共に変わっていくものから，変わりにくいものまでさまざまです。性別役割分担意識も時代の流れと共に変化し，女性の社会進出や男性の家事参加もかなり見られるようになりました。
　生き方が，性別役割に制約されずに，それぞれの個性と能力をいかして，自分の人生を選んでいけるような「ジェンダーフリー」の社会を目指していくために，まず，日常生活においての固定的な性別役割分担に気づき，その役割分担意識がどのように形成されていくのか，また

形成されてきたのか，もう少し深く考察した上で，今後どのような取り組みが必要であるのかについてまとめていきたいと思います。
私の発表に関して，みなさんのご意見を聞かせてください。
　今日はどうもありがとうございました。

配付した「レジュメ」　　（OHP シートも同じ内容）

20XX年9月21日

性別役割分担意識

1. 性別役割分担とは

　　性別を理由に，考え方，態度，行動をとることをいう。
　　・Sex
　　・Gender

2. 性別役割とはどのようなものか
　　「男は仕事・女は家庭」

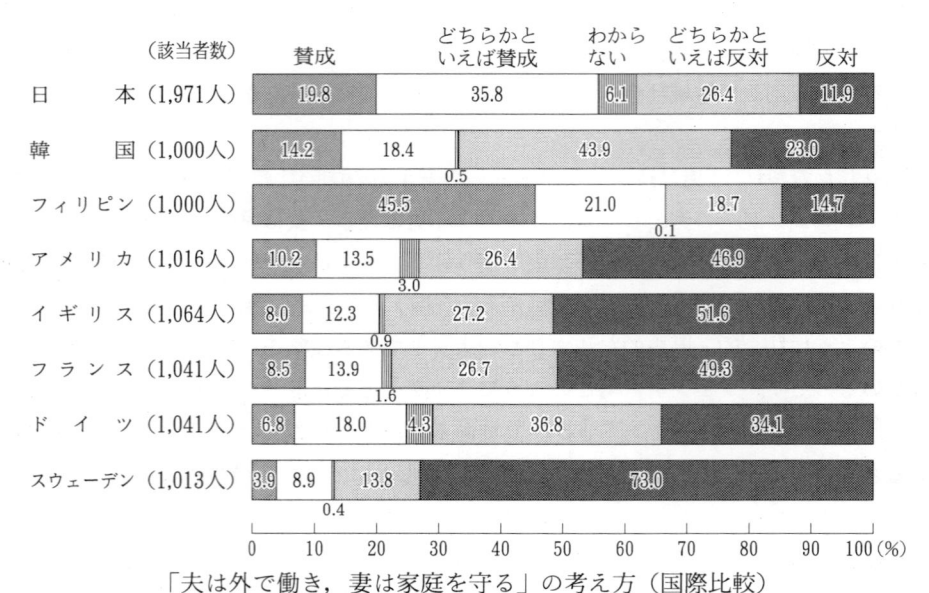

（該当者数）	賛成	どちらかといえば賛成	わからない	どちらかといえば反対	反対
日　　本（1,971人）	19.8	35.8	6.1	26.4	11.9
韓　　国（1,000人）	14.2	18.4	0.5	43.9	23.0
フィリピン（1,000人）	45.5	21.0	0.1	18.7	14.7
アメリカ（1,016人）	10.2	13.5	3.0	26.4	46.9
イギリス（1,064人）	8.0	12.3	0.9	27.2	51.6
フランス（1,041人）	8.5	13.9	1.6	26.7	49.3
ドイツ（1,041人）	6.8	18.0	4.3	36.8	34.1
スウェーデン（1,013人）	3.9	8.9	0.4	13.8	73.0

「夫は外で働き，妻は家庭を守る」の考え方（国際比較）
（資料：東京都『女性問題に関する国際比較調査』）（『統計にみる女性の現状』1996）

3. 結　び
　　ジェンダーフリーの社会を目指して
　　今後の研究

［評価，反省と改善すべき点］

　プレゼンテーション後，次のことが反省材料となった。配付した資料（レジュメ）の文字はできるだけ少なくし，字は読みやすい大きさにする。同じ内容の OHP シートについても，グラフの文字が小さく，見にくかったので，カラー化するなど，わかりやすいグラフを作成すべきであることが確認された。

演習 Ⅳ - 4　これまでの演習例を参考にゼミ演習をしてみよう。（3分間）

テーマ	時　間：3分 ツール：
［導入］	
［展開］	
［結び］	

3．ゼミ発表プレゼンテーションの評価をしてみよう

（1）プレゼンテーションのふり返り

次に示すのは，教養ゼミで一年間「プレゼンテーション」を勉強した学生のふり返りである。

この手記にある学生だけでなく，訓練さえすれば，どんな人でも，ある一定のプレゼンテーション能力レベルまでには達するということをぜひ読み取っていただきたい。

教養ゼミ「プレゼンテーション」で学んだこと── 一年間をふり返って──

私は，「社会に出てから役に立つだろう」という軽い気持ちで「プレゼンテーション」を選びました。ゼミが始まって，人前で話すのが苦手な私にやっていけるかどうか不安になりました。

最初のプレゼンテーションの自己紹介では，今でも忘れる事ができません。友達の前なのに，声が裏返り，足もガタガタ震え，何をしゃべったのか，頭は真っ白，ホント最悪でした。

それから，本格的なプレゼンテーションの勉強が始まり，プレゼンテーションがどういうものかわかり始めたのと同時に，プレゼンテーションの難しさにも気づきました。あるテーマについてのプレゼンテーションをしようと思うと，準備する中で，そのテーマについて，みんなに100％わかってもらおうとすると，自分はその倍の200％わかっていないとうまくいかないということも勉強しました。これは，なみたいていの準備，練習量では失敗するということです。みんなに聞き取りやすいように，話す声の大きさ，間のとり方，スピードも考え，資料も配りながら，アイコンタクトをとるといったぐあいに，いくつもをこなし，時間まで計らなければならないので，すべてのタイミングが最も難しく感じました。

一年間プレゼンテーションゼミを通して，学んだことはたくさんありますが，気が付いてみると，学生言葉が抜け，それなりに，人前で話すことにも慣れてきたように思います。

これから社会に出て働く上で，大変プラスになるでしょうし，人に何かを伝える話しのテクニックみたいなものも少し身につきました。一番の成果は，できないと思っていた事ができたときの「やったぁ」という充実感を味わったことです。

これから社会人になり，もっとプレゼンテーションを行なう機会が増えると思いますが，この授業を振り返りながら，さまざまな場で，身につけたプレゼンテーション能力を発揮していきたいと思います。

1997年1月　N．Y．

IV章 ゼミ発表

演習 IV-5 演習 IV-4で演習したものについて，次の「評価シート」で評価してみよう。また隣りの人にも評価してもらおう。

評価シート　　　　　　　　（発表内容の評価はしない）

非常に良い　良い　普通　少し悪い　悪い	コメント（改善点など）
1. 話しの組み立て，発表の順序はうまくいったか	
2. 時間の配分はうまくいったか	
3. 声の大きさ，テンポはよかったか	
4. 話す姿勢，態度はよかったか	
5. 聞き手とのアイコンタクトはうまくできたか	
6. プレゼンテーションの目標がはっきりしていたか	
7. 主張したいポイントが印象に残ったか	
8. ツールの使い方は適切であったか	
9. 配付資料は，見やすくわかりやすかったか	
10. OHPシートの作り方は適切であったか	
11. 質問にうまく応答できたか	
12.	

V章 学生生活をテーマに話す

　学生時代は学ぶことを中心に，さまざまな体験をとおして社会人になるための自己を育てる時期である。この時期の豊かな体験は，その人を創りあげる大きなきっかけとなり，ときとして，考え方や生活を変えていくこともある。

　また，学生生活には授業や研究，クラブ・サークル活動など学内の日常生活以外に，アルバイトや実習など，学外の生活もある。これらの学生生活のできごとを見つめ直し，しっかりと把握しておくことが大切である。

　最近は，就職試験においても，その人の学生としての生活や環境を知るために，「学生生活で得たものは？」「学生時代に力を入れたことは？」「どのような学校ですか？」などの質問が多くなされるようになってきている。

　そこで，ここでは，就職試験や後輩，友人，家族などに対して，学生生活について効果的に話すための手順や方法を考えてみよう。

　本章では，1．学校の紹介，2．クラブの紹介，3．アルバイトについて，それぞれ聞き手を替えた場面を想定してプレゼンテーションの演習を行なう。

　　　［ポイント］
　　　　○わかりやすいこと　　　──→　相手によってことばを使い分ける
　　　　○簡潔なこと　　　　　　──→　キーワードを作る
　　　　○興味をひくこと　　　　──→　切りだしを工夫する
　　　　○印象深いこと　　　　　──→　笑顔で，語りかけるように話す

1．学校を紹介する

　学校を紹介する時のポイントは，外部に対して誇れる点，つまり自慢できる点を，ひとことでキャッチフレーズ的に伝えることである。

　学校を紹介するには，まず学校をよく知らなければならない。よく知るためには，適切な資料や情報を入手することである。最近は入試用資料として，インターネットのホームページやビデオをはじめ，パンフレットや掲示板などの広報が整っている。また，地元商店や卒業生の声や意見なども，ユニークな情報源となる。

V章 学生生活をテーマに話す

演習 V-1 学校を紹介するための情報を集めてみよう。

[学校のデータ]

正式学校名	
所在地	
創立	
学長・校長	
理事長	
総学生数（　　年度）	
入学金・授業料	
学科・コース	
取得可能な資格	
主な進路	
主な設備	
クラブ，サークル	
提携学校（編入・留学）	
有名な卒業生	
主なカリキュラム	
主な年間行事	
キャッチフレーズ（ＣＩ）	
交通	

演習 Ⅴ-2 学校を紹介するためのデータを，どんな場合にも活用できるような文章としてまとめてみよう。

［ポイント］
- メッセージは …………… 夢や成果につながる呼びかけであり，次の行動へ弾みをつける誘いでもある。
- ひとことで言うと …… 印象に残すためには，短くインパクトのあるキャッチフレーズを作るとよい。
- 資料は ………………… パンフレットは一目でポイントがつかめる。
- 質疑に答えるには …… データを手もとにおき，数値で応答すると説得力がある。ビジュアルであれば，さらに説得力が強化される。

［データの文章化］

○キャッチフレーズは　"学校をひとことで言うと"
○何を学ぶのか　"どんな学科・コース"
○特徴はなにか　"なにが得られるのか"
○進路は　"就職・進学先"
○キャンパスライフは　"イベント，クラブ，設備など"

V章　学生生活をテーマに話す

［データの文章化］の例

○キャッチフレーズは　"学校をひとことで言うと" 　　［例］　ユニークで，楽しい大学
○何を学ぶのか　"どんな学科・コース" 　　［例］　古都奈良の地で学ぶ生きた歴史，身近にあふれる文化財を活かした考古学
○特徴はなにか　"なにが得られるのか" 　　［例］　真面目だけど，とっても楽しい，しかも資格が取得できる
○進路は　"就職・進学先" 　　［例］　各地の歴史博物館，公務員，中・高教員
○キャンパスライフは　"イベント，クラブ，設備など" 　　［例］　史学会・発掘クラブなどの学業にもとづくクラブ・サークル活動が活発で，素晴らしい友情の輪が広がる

演習 V-3　高校生を対象に，30秒間（約170字）の学校を紹介する原稿をつくってみよう。

［原稿づくり］

○序論　　何から話すか
○本論　　どのように魅力ある話にもっていくか
○結論　　どのようにまとめ，印象に残すか（テーマのポイント，挨拶）

[原稿づくり］の例

- 序論　なにから話すか

  全国から集まる学生達，いろいろな方言の中で育つ友情とわき上がる研究心

- 本論　どのように魅力ある話にもっていくか

  ユニークで楽しいゼミと，研究材料があふれている2000年の古都にある，最新設備の新しい学校で，就職に直結した資格が得られる

- 結論＋挨拶　どのようにまとめるか（テーマのポイント，挨拶）

  古都という恵まれた環境の中で，実力のある素晴らしい先生方のもとで，全国から集まった友達と過ごす，楽しい4年間
  自信を持って誇れる大学生活が送れる，私達の○○大学へぜひどうぞ

演習 V-4　就職試験の面接の場で，「どんな学校ですか？」と質問された。次の状況設定で，簡潔に話してみよう。

　　目的　　　　：　5人一組の集団面接における自己アピール
　　面接担当者：　50歳代の人事部長と30歳代の担当者の2名
　　場所　　　　：　面接試験場。試験官と2メートル離れた椅子席
　　時間　　　　：　1分以内

［ポイント］

　　いつ　　　　⟶　面接試験やセミナーで
　　誰に　　　　⟶　企業の担当者に
　　何を　　　　⟶　自分が学んだ誇りを
　　何のために　⟶　自分をアピールするために
　　どのように　⟶　明るく・力強く・簡潔に

V章　学生生活をテーマに話す　　95

［面接時の学校紹介］

○キーワード（20字程度）

○具体的な事例

○話す要点

［面接時の学校紹介］の例

○キーワード
　　実務に活かせる資格と，しつけ教育
○具体的な事例
　　社員としての基礎知識が求められるビジネス実務検定の受験者が全学の80％
○話す要点
　　実習を中心とした実務教育と好感度な人柄をつくるしつけ教育で，マナーを心得た即戦力のある人材を育てる学校

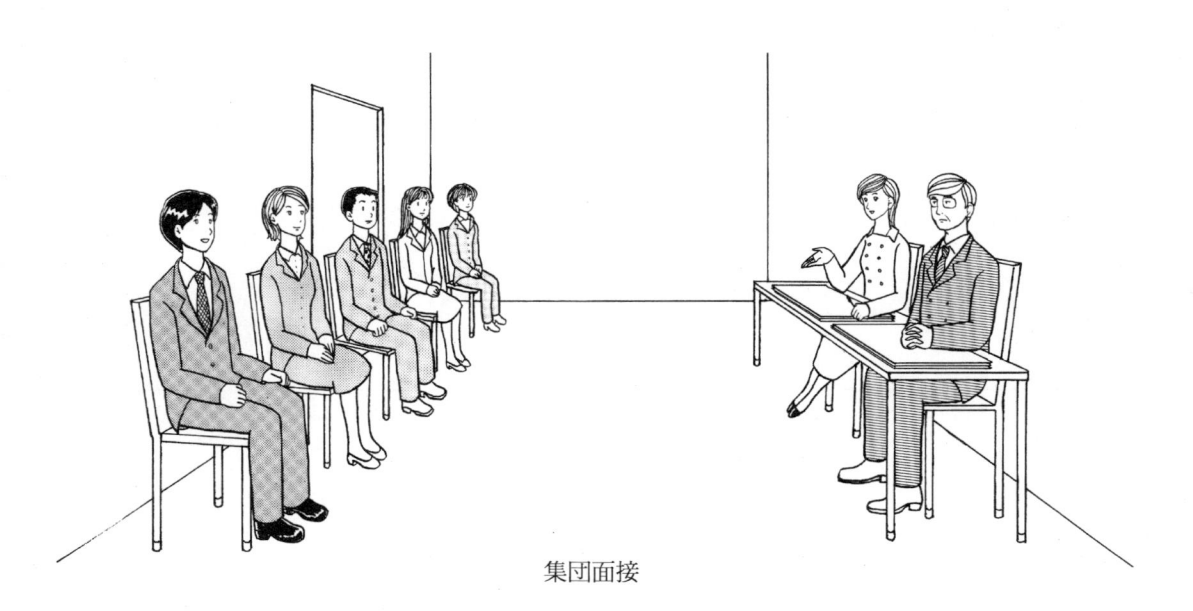

集団面接

演習 Ⅴ-5　大学祭を見学に来た高校生に対して，学校を紹介してみよう。設定は，次のとおりである。

　　目的：　受験生獲得のためのアピール
　　対象：　高校生30名程度
　　場所：　50人収容の小ホール
　　時間：　3分間
　　ツール：　ポスターまたはOHP

［ポイント］
　　○何が学べるのか
　　○どんな特徴があるのか
　　○どんな資格が取得できるのか
　　○進路（就職先）はどんなところが多いのか
　　○どんなクラブやサークルがあるのか
　　○どんな先生や先輩がいるのか

［学校を紹介する］

○見せる点

○聞かせる点

○笑わせる点

V章 学生生活をテーマに話す

[演習と添削] 例

　私の学校は創設50年という，そこそこ歴史のある学校です。5年前にキャンパスの移転があ
①　　　　　　　　　　　　　　　　　　　　　　　　　　　　　　　　　　　
ったため，校舎も新しく，最新設備が整っています。山に囲まれた閑静な地に建つ，とても学
　　②　　　　　　　　　　　　　　　　　　　③
びやすい学校です。立地条件に恵まれていることもあり，私の学校では歴史学に力を入れてい
ます。特に先史・古代に強く，著名な先生も多くおられます。全国で活動なさる先生方を慕っ
　　　　⑤　　　　　　　　⑥　　　　　　　　　　　⑦
て，全国各地から多様な学生が集まっています。キャンパスでは様々な方言が飛び交い，とて
　　⑧　　　　　⑨　　　　　　　　　　　　　　　　　　⑩
もユニークです。
　こうした環境のせいか，私の学校では教員免許や博物館学芸員資格の取得者が数多くいま
　⑪　　　　　　　　　　　　　　　　　　　　　　　　　　　　⑫
す。4年間培った知識をもとに，学校や博物館，都道府県や市町村に就職する学生が多いこと
　　　　　　　　　　　　　　　　　　　　　　　　⑬
も，特徴の一つです。4年間で得たものを将来に活かすことで，4年間が充実していたと実感
できます。
　私の学校を一言で表わすとしたら，「ユーモラス」です。全国各地から先生方を慕って集ま
⑭　　　　　　　　　　　　　　　⑮
る学生達は，とても勤勉家です。入学当初から専門分野を受講し，4年間みっちりと，地道な
努力を重ねます。その一方で，環境の違いからくる各々の個性・言葉がキャンパスの中で混ざ
り合う，とても楽しい学校です。
　　　　　　　　　　　　　　　　　　　　　　　　　　　　　　　　　　　　（約600字）

[**ポイント**]

① 学校は「創立」という
② 不要な説明
③ 「周囲を」と入れる
④ 具体的に説明する
⑤ 一般の人にわかることばにする
⑥ 先生の実名を入れると説得力がある
⑦⑧⑨⑩ 同じことばが重なるのはよくない
⑪ 接続詞が適切でない
⑫ 一般のことばに
⑬ ストレートに「公務員」とする方がよくわかる
⑭ 接続詞があった方がよい
⑮ 「ユニーク」のまちがいでは？

総合的に　○序論と本論の分かれ目が不明瞭
　　　　　○主張すべき点を項目的にすると明快
　　　　　○約600字では2分足らず，3分間の設定なので900〜950字程度にする

[学校を紹介する] 例

――【視覚資料1】を提示し，笑顔で，全体にアイコンタクトしながら――

［起］　私達の大学は，創立50周年を迎えた，そこそこ歴史のある学校です。また，建物は新しいのですが，建っているところは，2000年の歴史をもつ古都・奈良です。日本の歴史が身近にあふれ，生きた研究がいつでもできる，まさに文化財のための学校です。

［例］視覚資料1

ようこそ
〇〇大学へ

――表情や身振りなどのボディーランゲージを活用しながら――

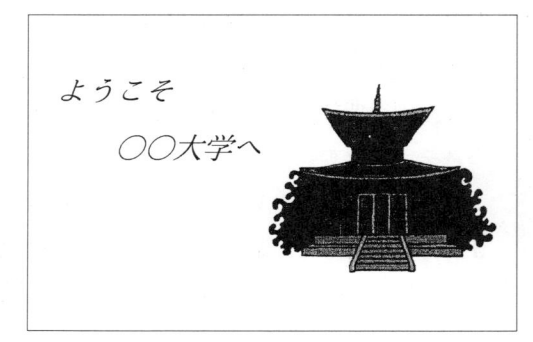

［承］　しかも，エジプト考古学の吉村先生のように，日本史の大家である学長をはじめ，テレビや本で有名な先生方がずらりと揃っています。これらの先生方を慕って，北から南まで全国各地から歴史オタクが集まり，キャンパス内は方言の嵐です。意味のわからない会話があちこちで笑いの渦を巻き起こしながら，友情が育っていきます。当然，下宿生活者が多く，お互いに助けあったり，励ましあったりしながら，大好きな歴史の街で学んでいます。東大寺や唐招提寺などの偉いお坊さんとお話ししたり，普通ではさわれない文化財の発掘を手伝ったりと，多くの体験をする中で，本当の学びを知っていきます。

［転］　そんな環境のせいか，真面目に物事に取り組む学生が多く，卒業後は地元へ帰って教師や公務員として働いたり，歴史博物館や資料館などで，博物館学芸員として働く人が多いこともこの学校の特徴だと思います。

　私達の大学の特徴をまとめてみますと，

――【視覚資料2】を提示，ポインターで示しながら――

　　1．文化財のど真ん中という最高の環境
　　2．先生は日本史の権威者ぞろい
　　3．そのうえしっかり資格が取得できる
　　4．しかも全国区の友達ができる
　　5．就職に直結した勉強ができる

ということになります。特に，私達が最も誇りにしていることは，

［例］視覚資料2

特徴は!!
1．文化財のど真ん中にある学校
2．日本史の権威者がズラリ
3．しっかり学んで，しっかり資格取得
4．全国から集まる学生と方言
5．学びを就職へ直結

V章　学生生活をテーマに話す

──【視覚資料3】を提示，ポインターで示しながらアイコンタクトをして──

　　1. 博物館学芸員
　　2. 教員

の資格を厳しい条件と実習の中で，しっかりと教えてもらえることです。

［結］　世界遺産の古都という恵まれた環境の中で，全国から集まった友達と過ごす4年間は，楽しく充実した毎日です。

［例］視覚資料3

取得できる資格!!
＊博物館学芸員資格
＊中・高校教員免許
＊臨床心理士

──しっかりと正面を向いて，力強く，笑顔を添えて大きめの声で──

「古都で学ぶ歴史と友情」，これが，自信をもって誇れる私達の学校です。（約900字）

［ポイント］
　　○起承転結の骨組みが押さえられている
　　○強調する点が箇条書きで明解になっている
　　○具体的なことばや事例を挙げ，わかりやすい
　　○語りかけるような内容・ことばである
　　○制限時間に適応している
　　○キーワードを視覚資料に活用している
　　○句読点が多く，ゆったりと話せる

チェックシート

内　　　容	YES	NO
学校のイメージは伝わったか		
魅きつけられる話しだったか		
ユーモアのある話し方だったか		
声や発音など明瞭な話し方だったか		
態度やボディーランゲージは良かったか		
行ってみよう，見てみようという気持ちになったか		
視覚物の効果はあったか		

2．クラブ紹介

（1） 新入生勧誘のクラブ紹介

　クラブ・サークル活動がキャンパスライフにおいて占める割合は，その学生が，クラブ・サークル活動の意義をどこに見いだすか，また活動するきっかけは何であったか，などによってそれぞれ異なる。入学した時にその意義を認識していなくとも，何かのきっかけによって活動に入っていくことができる。キャンパスライフの最初（つまり入学時）に，きっかけとなるべきイベントを新入生に対し実施している大学は多い。「新歓」つまり，新入生歓迎イベントである。ここではまず，そのようなイベントにおいて，どのように新入生を勧誘するか，一人でも多く新入生を入部などをさせるという視点からクラブ紹介を考えてみよう。一人でも多く部員にするためのプレゼンテーションである。

　新入生の勧誘には，大ホールなどに新入生を集めてそれぞれ各クラブの代表がクラブ紹介をするという場合と，キャンパス内を歩いている新入生を呼び止めて勧誘ボックスなどでクラブ紹介をする場合など，のやり方がある。

　まず，この二つの場合に共通していえることをあげてみよう。

　　紹介する事項

```
        部　名
        部の活動目標・課題

        活動場所
        活動日
        部の人数
        部の行事：定例
                　合宿
                　その他
        その他：過去の実績


        練習メニュー


        その他
```

A．大ホールで新入生にクラブ紹介をする ［例］

「新入生のみなさん，はじめまして，私はテニス部の○○です。少しの間，私にお付き合い下さい。まずは，私達のテニス部の活動を，ビデオで見てください。」

―［視覚資料の活用］―

――テニスの練習・コンパ・合宿の様子などをビデオにとって短くまとめたものを流す――

　今見ていただいたように，私たちは，テニスを練習するだけでなく，みんなでいろいろな活動もしています。そのメリットとして三つあげたいと思います。
　　1つ目は，練習は週2回です。バイトに影響を与えません！
　　2つ目は，仲間が増え，退屈しませんし，先ほどのビデオでもご覧いただきましたが，いろいろな思い出を作ることができます。
　　3つ目は，ラケットを買わなくても貸し出しもいたします。
　興味が湧きましたら，ぜひ○○号館の前のBOXまで来てください。もっと楽しい話をお聞かせすることができます。どうぞよろしくお願いします。ありがとうございました。

――最後に，何人かの部員がテニス着姿でラケットを持ってみんなで挨拶する――
　　部員の実際の様子を見せる。

B．歩いている新入生を呼び止めてクラブ紹介をする（勧誘ボックスなどで）［例］

［状況設定］
　勧誘場所に，机・いすを置く。飾り付けをする。模造紙などに写真を貼ったり，活動記録などを記したチラシなどを用意する。
　　役割分担：① 新入生がいつ来ても説明できるように，常に何人かは座って待機する。
　　　　　　　　　（活動記録・アルバムなどを用意しておく）
　　　　　　　② 歩いている新入生を呼び止める担当
　　　　　　　　　――呼びかけ
　　　　　　　　　「すみません。テニス部ですが，今ちょっとお時間いただけませんか？」
　　　　　　　　　「テニス部ですが，これを読んでいただけませんか？」
　　　　　　　　　――ビラを配る
　　　　　　○話しかける時には笑顔で，「この人は感じのいい人だ。」という印象を与える。
　　　　　　　この第一印象が，後の展開に影響することが多い。

> 新入生へ
>
> **テニス部新入生歓迎コンパ**
>
> 一緒にテニスを楽しみませんか？
> 新入生を歓迎してコンパを開きます。
> みなさん、参加してください！！
>
> 1. 日時　　　〇月〇日　〇〇時から
> 2. 場所　　　〇〇ビル3階　〇〇室
>
> **新入生は参加費　無料！！**

（2）クラブ活動の一環としてのイベント

　大学におけるクラブ活動においては様々なイベント，学園祭などでバザーをやる，屋台を出す，などの活動も含まれることが多い。ここでは，視点を変えて，クラブを紹介するというより，このようなイベントにおいて，クラブをアピールするプレゼンテーションを考えてみよう。

［例］学園祭・クラブで屋台を出して「たません」[1]を売る
　　　「たません」販売促進のためのプレゼンテーション上の注意
　① 大きな声を出す。「たません，いかがですかア？」「おいしいですよ！」
　② 声を掛けに行く時は押しつけがましくならないように，また通行している人の前に立ちはだからない。
　③ お客様から調理しているところが見えるように，店の前に立つ位置を考える。
　④ 話しかける時は，いきなり買うことを勧めるよりも「今日はどちらからお越しですか？」，「〇〇大学の方ですか？」などから入る。

---

1) たません：　エビせんべいの上に目玉焼きをのせ，マヨネーズ，ソースで味付けをしたもの

⑤ 買っていただいたお客様には最低2回「ありがとうございます。」を言う。
　　○注文をもらったとき……。代金を受け取って「たません」を渡すとき……

（3） 就職活動でのクラブ紹介

　就職の面接など就職活動をしているとき，学生時代をどのように過ごしたか，あるいは過ごしているかについて質問されることが多いが，ここではクラブ活動についてどのように説明するか，考えてみよう。

a. 誰に対して行なうのか

　どのような相手に説明するのかによって，その話し方は変わってくる。
　ここでは企業の人事担当者に対して学生であるあなたが説明するという設定としよう。

```
┌──────────┐   クラブ活動の説明   ┌──────────────┐
│ あなた（学生）│ ───────────────→ │ 企業の人事担当者 │
└──────────┘                   └──────────────┘
```

b. 説明によって期待する効果

　企業の人事担当者に説明するということは就職活動の一環である。あなたは，クラブ活動を説明することによって，人事担当者に「ぜひ，うちの会社に入ってもらいたい」と思わせる努力をしなければならない。これが，期待する（狙う）効果である。言い換えれば，企業が求める人材のイメージと，あなたという人材のイメージを，クラブ活動を説明することによってマッチさせることができれば成功である。

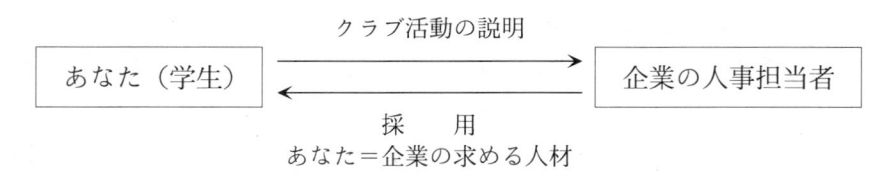

```
┌──────────┐   クラブ活動の説明   ┌──────────────┐
│ あなた（学生）│ ←─────────────→ │ 企業の人事担当者 │
└──────────┘      採　用        └──────────────┘
         あなた＝企業の求める人材
```

c. 構成［説明の内容］

　何を説明するか。ここでは具体的な活動内容を考えてみよう。

① 動　機

　クラブ活動は，大学の場合，必修的にやらなければならないというものではない。卒業要件でもない。したがって，「自主的に」ということになる。自主的であるからこそ，企業の人事担当者は，なぜクラブ活動をしたのかを聞きたがる。卒業要件でもないのに，なぜ，クラブ活動をしたのか，その動機，きっかけ，そのクラブを選んだ理由などを聞かれる。

それらによって，あなたがどのような学生であるか，企業の人事担当者は探ろうとするのである。したがって説明の第1は，この動機，理由を明確にすることである。

　○クラブ活動をした動機は？
　　　［例］　　大学入学時の勧誘によって〜と感じたので
　　　　　　　友人に誘われて〜しようと思ったので
　　　　　　　高校の時からやっていたので継続していきたかった
　　　　　　　自分の力を試したかった
　　　　　　　新しい自分を創りたい　　　　など
　○たくさんあるクラブから，「そのクラブ」を選んだ理由
　　　［例］　　親しい友人と共に
　　　　　　　高校の時からやっていたので
　　　　　　　興味のあるクラブだったから
　　　　　　　入学時，勧誘した先輩が素敵だったから

② 入部時期

　入部時期は，大学入学時の4月か5月であることが多いと思われるが，もしそうではなく，途中入部であった場合は，特にその理由を述べる。

③ 活動の内容

　活動内容をどのように説明するかについては，いろいろな方法が考えられる。最もまとめやすい方法として，時系列での説明があげられる。すなわち1回生の時はこのようなことをした。2回生では，3回生では，4回生では，と，それぞれの活動をまとめるのである。この方法はこれまでの活動を思い出しやすいという利点があると同時に，説明を聞く側にとっても，活動の内容がどのようなものであったかを，想像するのが容易である。

1回生のとき	
2回生のとき	
3回生のとき	
4回生のとき	

V章　学生生活をテーマに話す　　105

　上記の方法でまとめた内容から，クラブ活動を通じてあなたが最も強調したい事柄を抜き出してみよう。これは，1回生から順次述べている時間がない時，クラブ活動以外にも説明しなければならない事項がいくつかある場合などを想定し，備えるためである。

○クラブ活動で最も印象に残った出来事はなにか ○それはなぜか
○クラブ活動を通して得たことはなにか
○クラブ活動を通して得たことを，これからの社会生活・職業生活でどのように生かしていきたいと考えるか

［説　明］
　次に，実際に話してみる。話す内容それぞれの時間はどのくらいかかるか，また，原稿を見ずに話すことができるか，練習してみよう。

［検　討］
　説明した内容や時間，態度が適切であったか，などを検討し，次の機会に生かしていくことが大切である。その評価・検討には，一般にチェックシートが用いられる。
　就職活動中に使えるように，自己評価の他に人事担当者の反応・コメントなどを記入できるようなシートを作っておくと便利である。次頁にその一例を挙げる。
　ここで注意すべきことは，文字化したものを話すということと，文章にしないでそのまま話すということには大きな差があるということである。たとえば，講演会などで話されたことをそのまま文字化・文章化すると，とてもおかしな文章になってしまい，講演録などを作成する時はもう一度手直しをすることがある。それとは逆に，書かれた原稿をそのまま話してしまうと，どうも聞きづらいということがよくある。このことを理解しておこう。

106　第2部　実践編

チェックシート（評価）

面接日：　月　日（　）　時　分　から　時　分　まで				
会社名：　　　　　　　　　　　担当者：				
	時間	担当者の質問	答えた内容	
話したクラブ活動の内容①				
内容②				
内容③				
内容④				
内容⑤				
［結果］　・採用（内定）　・不採用 ・これから注意すること				

［参　考］

　演習 V-6 として，ある学生のクラブ紹介の例を挙げるので，どこがよいか，どこを直したらよいかなど，考えてみよう。ここでは，説明すなわち口頭発表の内容自体を主として考えるが，当然，ツールの活用もある。これらを使用したプレゼンテーションとして適切かも含めて修正をしてみよう。

V章　学生生活をテーマに話す

演習 V-6　次のクラブ紹介の原稿に訂正を入れてみよう

　私たち3回生は，サッカー部○○会で一番上の学年となり，先輩に教わる側から後輩に教える立場となり，一番上の学年に立った事で今まで見えていなかった様々な問題に直面しましたが，その中で2つの大きな事件があったので，とりあげたいと思います。①

　1つ目は，練習で紅白戦をしている時に1回生にラインズマン（線審）を頼んだら，誰も無反応だったので，3回生の何人かが怒り怒鳴りつけると，ほとんどの1回生が帰ってしまったという事がありました。1回生には次の練習の時に，しっかり動いてもらうようにキャプテンと副キャプテンから伝えましたが，あの時なぜ1回生が帰ってしまったかを考えると，自分達のめり張りの無い行動に問題があったようなのです。練習の切り換えの時に1回生よりも行動が遅かったり，休憩が終わってもすぐに練習に移らなかったりなど，思い当たる節はいくつもありました。練習をする上で，一番上の立場では自分達に厳しくならなければチームを一つにまとめる事など到底出来ないでしょう。3回生全員がこういう意識を持っていないといけないのですが，1度このような状況に陥ってしまうと，なかなか信頼を取り戻すことは難しく，3回生も以前よりは1人1人が自分に厳しい態度をとるようになりチーム状態も良くなってきていると思うのですが実際はわかりません。③

　2つ目は，3回生の1人のマネージャーが来なくなった事です。原因は3回生部員のほとんどが，マネージャーに対して気を配らなかったからです。彼女に対し1回生，2回生の時と同じ態度をとっていたのが一番悪かったのだと思います。彼女は後輩のマネージャーの面倒を見なくてはならないし，仕事も断然多くなります。彼女に対して私達3回生の部員が皆で支えていかなければなりませんでした。その後，部員全員で話し合って，何とか戻ってきてもらえないかと頼んだのですが，もう少し時間がかかりそうで，まだ戻ってきていません。しかし，この前の9月3日の社会人リーグの試合を観に来てくれました。部員全員で温かく迎えたので，彼女も私達の気持ちを十分に受けてとめてくれたと思います。⑧

　以上，2つの大きな事件をとりあげましたが他にも様々な問題がありました。その中で解決できていない問題はいくつもありますが，解決に向けて，積極的に取り組んでいく事が一番大切であり，自分に厳しくなるということも問題を解決する上で重要だと思いました。⑩

[ポイント]

① 「出だし」の表現はこれでよいか　　②④ 「1つ目」「2つ目」という表現は適切か
③ このような消極的な表現は適切か　　⑤⑥⑦⑧ 「彼女」という表現は適切か
⑨ 問題の説明は端的であったか
⑩ 問題解決に向けての積極性をアピールできる内容であったか

この学生のクラブ紹介で
　　① どこがよかったか
　　② どのような点を直したらよいか

演習 V-7　就職試験の面接におけるクラブ紹介を考えてきたが，ここでもう一度，仕上げのプレゼンテーションをしてみよう。

3．アルバイトについて語ってみよう

（1）プレゼンテーション演習の教室で

はじめに

　高校を卒業してから一番変わったこと。それは自分の生活におけるアルバイトの位置ではないだろうか？　だとすると，今，「あなた」という人について知ってもらうのに一番適しているのは，「アルバイトの経験について語る」ということになるだろう。

　そこでまず，次の設定でスピーチをしてみよう。

　　テーマ：　アルバイトの経験について
　　設定：　○プレゼンテーション演習の授業中
　　　　　　○担当教員とクラスメートの前で
　　　　　　○5分間
　　　　　　○ツールを使わずに

学校で見せる顔とは違った「あなた」を知ってもらう，いい機会になるだろう。

a．メモをとる

　スピーチをするには話すための原稿をつくらなければならない。

　原稿用紙を前にして，「自分ははやりの店で働いているわけでも，また誰よりも稼いでいるとか，自分の好きな仕事をしているというわけでもないし……」と思っている人はいないだろうか。

　これではプレゼンテーションどころか，アルバイトにはただの「小遣い金稼ぎ」以上の意味がないことになってしまう。あなたにとってのアルバイトとは，本当にそれだけの意味しかないのだろうか？

　問題は何をやっているかではない。そこから何を学び取るか，なのである。もしもそこから何も学び取っていないのならば，最新流行の店で，誰よりも多く稼ぎ，自分の憧れの仕事をしていたとしても，それはただの「小遣い金稼ぎ」でしかない。

　では，あなたはアルバイトから何を学び取ったのだろう？　まずはそこから考えてみることにしよう。

　まず大きな紙を用意する。そして，次に示す（[メモ1]）ように，自分のアルバイト先の人たち（お客さんも含めて）のことをどんどんメモしていく。書きたい項目が増えてきたら，それも付け加えていこう。

[メモ1]…「アルバイト先の人たちのこと」

```
名前
愛称
性別
年齢
自分との距離
〜さんから教わったこと
〜さんに喜ばれたこと
〜さんに驚かれたこと
〜さんに怒られたこと
〜さんと一緒に笑ったこと
```

　もう書くところがなくなるくらいに書いてしまったら，それを整理する。このアルバイトに出会う前の自分と，出会ってからの自分を比べてみて，何か発見はないだろうか。どんなに小さいことでもよい。たとえば「食品を扱うので，手を洗うことの必要性を認識させられた」でもよい。それこそが，今のアルバイトからあなたが学び取ったことなのだ。

　今度は紙を改めて，「あなたが学び取ったこと」（[メモ2]）について，その時の情況や居合せた人のことなどを，思い出せるかぎり書き出してみよう。

　ここまでできたら，作業はもう半分終わったといってよい。

b. 構成を考える

　次は，構成を考えてみる。

　「私は××を学び取った」ということについて，5分も10分も話したところで，聞き手は説教臭さにしびれを切らしてしまうことだろう。なにごともドラマチックに話す必要がある。といっても，ここで言いたいのは，単に身振り手振りを入れるということではない。構成をドラマチックにする，ということである。

　構成というと，序論・本論・結論というのが一般的なところだろうが，ここでは起承転結の四段構成に挑戦してみよう。これは自分の経験談を語る際に，とても有効だと思われるからである。

V章　学生生活をテーマに話す

　　　　　　春　曉　　唐　孟浩然
〔起〕　春眠(しゅんみん)　曉(あかつき)を覚(おぼ)えず
〔承〕　処処(しょしょ)　啼鳥(ていちょう)を聞く
〔転〕　夜来(やらい)　風雨(ふうう)の声
〔結〕　花(はな)落(お)つること知る多少(たしょう)

　起承転結とは，もとは中国の漢詩の表現技巧だが，この詩をよく見てもらいたい。
　春の朝のすばらしさを，ただ「すばらしい」と書くだけでは，インパクトの弱いものになってしまう。そこで，激しい夕べの風雨の回想に場面を一転させるのである（転）。そうして結句に導くと，奥行きのある「すばらしさ」が実感できるというわけである。
　しあわせいっぱいのカップルを見ても，おもしろくもなんともない。しかし，彼らがそこまでに乗り越えてきた苦難などを知ってみると，心から祝福を送りたくなるものである。つまり波瀾がないと，恋愛ドラマというものは成立しない。いや波瀾さえあれば恋愛ドラマはいつでも人をひきつける，と言ってもいいだろう。これは「ロミオとジュリエット」をひきあいに出すまでもなく，どんな恋愛ドラマにも共通する特徴である。
　アルバイトの経験を語る際にも同じことが言える。間違っても「波瀾のないアルバイト・ドラマ」などを演じるべきではない。

　　　　　　「新聞配達と私」
〔起〕　収入が多いと聞いて始めた新聞配達
〔承〕　朝が早くて友達づきあいもできなくなる
　　　　収入もこの大変さには見合っていない
〔転〕　ある時，おばあさんにこう言われたことがある
　　　　「新聞がポストにはいる音を聞くと，自分はまだ忘れられてないんだと思ってほっとする」と
〔結〕　自分のしている仕事に意味を見いだせたような気がする今日この頃である

　もちろん，他のパターンの方が有効な場合もあるかもしれない。しかし古今東西，起承転結に基づいた文章の書き方（話のしかた）が成功してきた例がたくさんあることは，しっかり押さえておいてもらいたい。

c. 小さな正直？

　正直はいいことだ。それに間違いはない。しかし実際にプレゼンテーションを聞いていると，「そこまで正直に言う必要はないじゃないか」と思うことがあるのも事実である。

まず，細かい事実にこだわりすぎるな，ということ。

> 私にアルバイトを紹介してくれたのは，中学校時代に付き合っていた彼氏のお姉さんの友達です。

　たしかにそのとおりかもしれない。しかし，聞き手はあなたのアルバイトの話を聞きたいのであって，中学校時代に誰と付き合っていたのか，はたまた，その人の姉がどんな人だったかなどということには全く興味をもっていない。「私は知人にアルバイトを紹介された。」これで十分である。
　そして中心となる気持ち以外の記述は省け，ということ。
　先に挙げた「新聞配達と私」の構想メモの段階では，おばあさんのことばから，新聞配達をする意味を感じ取ったところで終わっていたが，せっかくここまでストーリーができあがっているにもかかわらず，「正直病」でプレゼンテーションを台無しにしてしまう例がある。

> 来月からはコンビニでアルバイトをすることにした。

　それが事実なのかもしれないが，聞き手はそういう結論を期待していない。新聞配達をする意味を見いだした人には，続けて新聞配達をやっていて欲しい。そうでなければ，せっかく「学んだこと」も無になってしまう。これは苦難の果てにようやく結ばれたカップルが，わずか1週間で別れてしまうというのと同じで，こんなラブ・ロマンスに聞き手はとても耐え切れないだろう（実際にはそういうことも多いのかもしれないが……）。

d．実際に，アルバイトについて語ってみよう

> 　私は今，喫茶店でアルバイトをしています。学校の友達だけでなく，いろいろな人と話をするようになったのはそのためだと思います。学校でも，最近，明るくなったね，と言われるようになりました。
> 　それとお客さんには何を言われても笑顔でいなければならないので，忍耐力がついたと思います。あと，お金をもらうのはたいへんだということも思いました。なんのためにお金をためているのかわからなくなることもよくあります。なぜなら，せっかくお金をためても遊びに行く時間がないからです。高校生の頃は遊びに行く時間はあったのに，遊びに行くお金がなかったので，なかなかうまくいかないなと思います。家から学校までが遠いのも，たいへんな理由の一つだと思います。

××さんのプレゼンテーション用原稿の一部である。メモにはたくさん書き込みをしていたので，アルバイトではいろいろな体験をし，いろいろなことを学んだのだろうと想像していたのだが，いざ原稿を作る段階になってペンが止まってしまったようなのだ。

そこで××さんに，以下のようなアドバイスをしてみた。

① 書きたいことを1つにしぼる

　　たくさん学んだことがあったとしても，それを全部書いていたら，かえって聞き手の印象に残らないプレゼンテーションになってしまう。たくさんのことを書いたからと言って，あなたが貴重な経験をしたのだとは誰も思ってくれない。

② 具体性と抽象性のバランスをとる

　　具体例なしに話をまとめようとしないこと。たとえば「たいへんだ」という語を何度繰り返したところで，あなたの「たいへんさ」は聞き手に伝わらない。しかし「朝からずっと立ったままの仕事なので足が痛く，夜も眠れない日がある。それでも通学に2時間もかかる私は，翌日も朝5時半に起きなくてはならない」と書けば，「たいへんさ」は十分に伝わる。

③ 原稿は何度も読み直して推敲（すいこう）する

　　原稿を書き終えたら，まず読み直して推敲する。そして1週間ほどたった後に，また読み直して推敲する。ある程度の時間がたつと，自分の書いたものであっても第三者的な立場で原稿に目を通すことになるので，聞き手に近い気持ちで読むことができる。

それから数回の推敲を経てできたのが次の文章である。箇条書のようだった以前の原稿と比べると，だいぶ血が通ったものになったようには感じられないだろうか。

　家から学校までの通学時間が長い私は，短大に入学してからも新しい友人があまりできませんでした。その数少ない友人とも，行き帰りの電車の中でしゃべるくらい。一緒に出かけることも，短大に入学して以来，ほとんどなくなっていました。

　そんな私の生活が変わったのは喫茶店でアルバイトを始めてからです。ただでさえ通学時間の長い私ですから，アルバイトなどを始めたら，ますます友達ができなくなるのではないかと思う人もいるかもしれません。しかし私は，新しい友人を作るために，自分になかったのは「時間」ではなく，人に向かって心を開く「余裕」であったということに気付いたのです。

（2） 会社訪問時の面接で

a. 面接のプレゼンテーション

次の設定で原稿をつくってみよう。

  テーマ： アルバイトについて語る（自己PRの一環）
    ○会社訪問の際の面接
    ○数人の面接担当者の前で，一人で
    ○1分間

　会社訪問では必ずといっていいほど面接が課せられ，その際には，また，必ずといっていいほど自己ＰＲが課せられる。「自己PR」といわれなくても，「短大時代に打ちこんだことは何ですか？」あるいは「短大時代に学んだことは何ですか？」と尋ねられることもあるが，相手が求めているのはいずれも同じものである。

　自己PRとは，自分を宣伝することである。プレゼンテーション演習の教室では「あなた」を担当教員やクラスメートにわかってもらえればそれで十分だったが，自己ＰＲでは「あなた」をお客様（会社）に商品として売り込む必要が出てくるため，同じアルバイトの経験を語るにしても，内容はかなり違ったものになる。つまり「アルバイト経験を通じて，あなた自身のコマーシャルを作る」というのが，この項の課題である。

b. 原稿をつくる

　基本的な手順は他と同じ。アルバイトを通じて自分が何を学んだのかをよく考えてみよう。ただ，一人の学生の自己ＰＲに5分間も付き合ってくれる会社は少ない。そこで以下のような三段構成で原稿をつくってみることにしよう。

  序論 自分は何のアルバイトをしていて，そこから何を学んだのか。結論を先に述べる方が相手にはわかりやすい。
  本論 状況を時間の許すかぎり具体的に述べる。
  結論 自分の学んだことが何であったかをもう一度述べ，訪問先の会社の何に，どのように，それが役立つことができそうか，展望を述べる。

　面接会場では原稿を読み上げることはもちろん，メモを見ることも許されない。内容をよく暗記し，何度か練習を重ね，人前でも練習してみることを勧めたい。クラスメートの前でなら笑って済むことも，面接会場にそのような和やかさを求めることはできないのだから…

c. 実際にやってみよう

> 　私は明るくて協調性に富み，率先して仕事に取り組んで指導力を発揮するタイプです。アルバイトはお菓子屋さんでしていました。たくさんの人と接することによって，とても貴重な経験ができたと自分では思っています。アルバイトをするまで，私は引っ込み思案で，頭では何をしたらいいのかわかっていてもなかなかすぐ行動には出せないでいました。しかしお店ではいつ怒られるかわからないし，お客さんを待たせたり，いやな思いをさせるわけにはいかないので，てきぱき行動できるようになったのだと思います。今でも知らない人と接するのは苦手で，友達と話しをする方が好きなのですが，ずいぶんと明るく協調性に富み，指導力を発揮する人間になれたと自負しています。たしかに学業成績は自慢のできるようなものではないし，英語やコンピューターも得意ではありません。しかし私と話しをしていると安らぐと言ってくれるお客さんや友達も多いので，これからは苦手意識を克服し，販売の業務をしたいと考えています。

　△△さんのプレゼンテーション用原稿である。たしかに必要最低限のことは言っているように思う。△△さんがアルバイトを貴重な経験だと思い，自分自身で進歩があったと考えていることはとてもすばらしいことであるとも思う。しかし，こと面接用のプレゼンテーションとしては問題点が多い。

> 　私は明るくて協調性に富み，率先して仕事に取り組んで指導力を発揮するタイプです。アル①バイトはお菓子屋さんでしていました。たくさんの人と接することによって，とても貴重な経②験ができたと自分では思っています。アルバイトをするまで，私は引っ込み思案で，頭では何③をしたらいいのかわかっていてもなかなかすぐ行動には出せないでいました。しかしお店ではいつ怒られるかわからないし，お客さんを待たせたりいやな思いをさせるわけにはいかないの④⑤で，てきぱき行動できるようになったのだと思います。今でも知らない人と接するのは苦手で，友達と話をする方が好きなのですが，ずいぶんと明るく協調性に富み，指導力を発揮する⑥　　⑦人間になれたと自負しています。たしかに学業成績は自慢のできるようなものではないし，英⑧語やコンピューターも得意ではありません。しかし私と話をしていると安らぐと言ってくれる⑨お客さんや友達も多いので，これからは苦手意識を克服し，販売の業務をしたいと考えていま⑩す⑪。

[ポイント]

① 長所を書くにしても1つでよい。たくさん書けば書くほど印象が薄れるし、信憑性もなくなる。
② 子供っぽい。
③ 抽象的で実感が伴わない。どのような体験があったかを具体的に述べ、それによって何が身についたと思うかを簡潔に述べるべき。
④ 人間は他人の長所について聞いてもすぐに忘れるものだが、短所についてはいつまでも覚えているもの。あまり長々と書くと損をする。
⑤ 子供っぽい。
⑥ 完全に克服したならともかく、今でも「人見知り」をするようだと会社ではやっていけない。絶対に使ってはならない表現。
⑦ たいていの人はそういうもの。何のアピールにもなっていない。
⑧ 書き出しのことばをもう一度使っただけ。しかも語られた内容（引っ込み思案の克服）とどう関係するのか不明確。
⑨ マイナスの要素は言わなくてよい。「言わない」ということは、ウソをついたということにはならないのだから……。
⑩ 人付き合いが苦手だということを、もう一度繰り返して強調してしまっている。
⑪ 人付き合いが苦手な人に販売が向いているとは思えない。

　何も人間性を否定しようとしているわけではない。正直過ぎるのがよくないのだ。問題は「自分を語る」ことに専念しすぎて、「アルバイト経験を通じてあなた自身のコマーシャルを作る」というこの項の目標を取り違えているところにある。
　誰だって（違う人もいるのかもしれないが……）知らない人と話しをするのは気疲れする。友人と話しをしている方が気楽だし、心が安らぐのは当然だ。しかしこれはコマーシャルである。「わが社のチョコレートは他社のチョコレートと味も値段も同じくらいだが、ぜひ買ってほしい」。そんなコマーシャルを見た経験があるだろうか。たぶん、どこの会社だってこれが本音だろう。しかし視聴者の購買意欲を、これでそそることができるとはとても思えない。
　なにも「世界一おいしい」、「世界一安い」と言え、などと言いたいわけではない。それではウソである（本当にそう思っているならそう言えばいいけれど）。しかし「××製法を取り入れたのでとてもおいしい」、「広大な農場を持っているので高品質なのに価格が安い」と言うことはできるのではないだろうか。

△△さんとよく話し合って，その結果まとまったのが次のような原稿である。

> 　私はケーキ屋でアルバイトをしていますが，そこで「心を通わせる」ということを学びました。店頭に立つようになってだいぶ慣れてきた頃のことです。店長から「お客様の立場に立って働きなさい」と言われ，たいへんショックを受けました。そこで私は，ケーキ屋にはいったいどういう人が来るのかを考えてみました。ケーキは毎日の生活に必要なものではありません。
> 　ケーキを買うのはお祝い事がある時や誰かの家に呼ばれた時，つまり嬉しい時ばかりなのです。ところが私はアルバイトが終わる時間のことばかり気にしていて，お客様の気持ちなど考えたこともなかったのです。店長もそれに気付いていたに違いありません。それから私は，つとめて「嬉しい気持ち」で接客するよう心がけました。そしていつしかお客様と心を通わせることができるようになったと思っています。
> 　これからも販売を通じて心と心を通わせ合いたい。そう思って販売職を志望するようになりました。

さぁ，次はあなたの番です！

　　　コンビニでアルバイト　　　　レストランでアルバイト

参 考 文 献
（書名の50音順）

秋山和平『あなたが生きる話し方』NHK 出版　2000。
細田咲江ほか『E メール・履歴書・エントリーシート成功実例集』高橋書店　2000。
田中雅英ほか『インターネット就職活動』早稲田教育出版　2000。
日本放送協会編『NHK アナウンサーの「はなす　きく　よむ」』日本放送出版協会　2001-2002。
半谷進彦・佐々木端『基礎から学ぶアナウンス』日本放送出版協会　2000。
言語表現研究会編『コミュニケーションのための「ことば学」』ミネルヴァ書房　1995。
永崎一則『自己紹介の達人になる本』廣済堂出版　1998。
水原道子ほか『実践オフィスワーク』樹村房　1999。
内外教育研究会『就職対策講座適正検査編』時事通信社　1996。
早稲田教育出版編集部『就職大全』早稲田教育出版　2000。
日本放送協会編『素敵なはなしことば』日本放送出版協会　1995，1999。
箱田忠昭『成功するプレゼンテーション』日本経済新聞社　1996。
小林康夫・船曳建夫編『知の技法』東京大学出版会　1996。
中島英隆／マット・シルバーマン著『デジタル対応　プレゼンテーション』JMAM　2000。
八幡紕芦史『パーフェクトプレゼンテーション』生産性出版　1995。
伊吹一『話す技術』日本経済新聞社　1997。
永崎一則『知的生き方文庫　話す力の鍛え方』三笠書房　1993。
野村正樹『ビジネスマンのための話し方入門』日本経済新聞社　1996。
福田健『人を動かす会話術』ダイヤモンド社　1997。
杉澤陽太郎『人前で話す基本―パブリックスピーキング入門』祥伝社　1997。
佐藤啓子編著『プレゼンテーション』嵯峨野書院　1998。
福永弘之『プレゼンテーション概論及び演習』樹村房　2000。
小林敬誌ほか『プレゼンテーション技法＋演習』実教出版　1997。
金子昭『プレゼンテーション―コミュニケーションのための表現技法』一ツ橋出版　1995。
大畠常靖『プレゼンテーション能力のみがき方』同文舘　1995。
山口弘明『プレゼンテーションの進め方』日本経済新聞社　1986。
野口吉昭『プレゼンテーションのノウハウ・ドウハウ』PHP 研究所　2001。
朝日放送アナウンス部編『マイクロフォン』非売品。
小野田博一『論理的に話す方法』日本実業出版社　1996。

［執筆者］

〈監修〉福永　弘之（ふくなが・ひろゆき）　兵庫県立大学環境人間学部教授
〈編集〉中村芙美子（なかむら・ふみこ）　プール学院大学短期大学部名誉教授
　　　　大窪　久代（おおくぼ・ひさよ）　近畿大学経営学部教授
　　　　木村三千世（きむら・みちよ）　四天王寺国際仏教大学短期大学部助教授
　　　　田中　雅子（たなか・まさこ）　羽衣学園短期大学助教授
　　　　西尾　宣明（にしお・のぶあき）　プール学院大学短期大学部教授
　　　　野坂　純子（のさか・すみこ）　大手前短期大学助教授
　　　　信時　哲郎（のぶとき・てつろう）　甲南女子大学文学部助教授
　　　　福井　愛美（ふくい・あいみ）　聖和大学短期大学部講師
　　　　水原　道子（みずはら・みちこ）　大手前短期大学助教授
　　　　村田　恵子（むらた・けいこ）　呉大学短期大学部講師
　　　　森山　廣美（もりやま・ひろみ）　四天王寺国際仏教大学短期大学部助教授

プレゼンテーション演習Ⅰ
キャンパスライフとプレゼンテーション

平成14年3月15日　初版発行
平成18年2月20日　第3刷

検印廃止　　　著者©　代表　中村芙美子
　　　　　　　発行者　　　木村　繁
　　　　　　　発行所　株式会社　樹村房
　　　　　　　　　　　　　　　JUSONBO

〒112-0002 東京都文京区小石川5丁目6番20号
電話 東京 (03) 3946-2476(代)
FAX 東京 (03) 3946-2480
振替口座 00190-3-93169

製版印刷・協同印刷／製本・愛千製本所

ISBN4-88367-068-6
乱丁・落丁本はお取り替えいたします。

樹村房

オフィスワークと秘書
秘書とオフィスワーカーのためのビジネスワーク入門
B5判 1,995円（税込）

福永 弘之 編著
有働 壽恵　清水たま子　田中 朋子
西谷 正弘　宮田 篤

ビジネスとオフィスワーク実務演習
B5判 1,995円（税込）

福永 弘之 監修　水原道子 編者
植竹由美子　加藤 晴美　苅野 正美
桐木 陽子　児島 尚子　野坂 純子
森山 廣美　山野 邦子

Excellent 秘書・ビジネス実務シリーズ
福永 弘之 編著　　　　A5判 各1,995円（税込）

1. ビジネス実務総論
2. ビジネス実務演習

Excellent 秘書シリーズ
福永 弘之 編著　　　　A5判 各1,890円（税込）

1. エクセレント 秘書学
2. エクセレント 秘書実務
3. エクセレント 事務・文書管理
4. エクセレント 国語表現法

オフィス・スタディ
―ハードとソフトのオフィス環境論―
福永 弘之　A5判 1,995円（税込）

プレゼンテーション概論及び演習
福永 弘之　A5判 1,785円（税込）

プレゼンテーション演習I
キャンパスライフとプレゼンテーション
福永弘之 監修　中村芙美子 編集
B5判 1,890円（税込）

プレゼンテーション演習II
オフィスライフとプレゼンテーション
福永弘之 監修　大窪久代 編集
B5判 1,890円（税込）

実践 オフィスワーク
B5判 1,890円（税込）

森山 廣美　雑賀 憲彦　田中 朋子
田中 雅子　中村芙美子　水原 道子
横山 秀世

書いてみよう，話してみよう　ワークブック
日本語表現とビジネス文書
B5判 1,995円（税込）

水原 道子　苅野 正美　田中 朋子
奈良崎英穂　西尾 宣明　村田 恵子
横山 秀世

会話で学ぶ オフィス英語
A5判 2,100円（税込）

藤田利久　石川 愛　Stephen Trussel 編著
池田るり子　小川 厚子　影山まち子
手塚 雅之　西崎有多子　野坂 純子
山口 一美

要説 人間関係論
A5判 1,785円（税込）

青池 慎一　小川 待子　小玉 敏彦
広瀬 隆雄　福井 要　山口 一美

樹村房

〒112-0002 東京都文京区小石川 5-6-20
TEL 03-3946-2476(代)　FAX 03-3946-2480
E-mail：info@jusonbo.co.jp